Comment dit-on...?

A NEW VOCABULARY FOR GCSE FRENCH

Paul Humberstone

Hodder & Stoughton

A MEMBER OF THE HODDER HEADLINE GROUP

British Library Cataloguing in Publication Data

A catalogue record for this title is available from the British Library

ISBN 0 340 65554 2

First published 1996
Impression number   10 9 8 7 6 5 4 3 2 1
Year   2000 1999 1998 1997 1996

Printed in Great Britain for Hodder & Stoughton Educational, a
division of Hodder Headline Plc, 338 Euston Road, London NW1 3BH by
Cox & Wyman Ltd, Reading, Berkshire.

Introduction

Comment dit-on...? is intended to help you to prepare for your examinations in French by providing a comprehensive listing of words and phrases. You can use the book as part of your course of study (particularly when preparing for written or oral work), and as a revision aid when the exams approach.

The organisation of the book

The book is divided into five main themes: Everyday activities, Personal and social life, The world around us, The world of work and The international world. Students preparing for GCSE will perhaps already be familiar with these main themes as they relate to the National Curriculum Areas of Experience. Those of you preparing for other exams will simply find that these themes provide a logical framework for learning vocabulary.

Each of these themes is divided into a number of sub-sections. A full list of these is given in the contents list. When you want to find several words on the same topic, you can easily find the right section in the list of contents, and all the words you are likely to need will be there.

The vocabulary itself is presented in a sequence that follows logical thought processes. Where some useful related vocabulary appears in a separate section, cross-references (▶) have been given to direct you to this.

The definite article (*le* or *la*) has been used unless it is more natural to use a word with the indefinite article (*un* or *une*). You should find it easier to remember the genders of words which begin with a vowel if you learn *un arbre*, *une enveloppe*, etc, rather than *l'arbre*. Wherever gender may be unclear, an indication, either (*m*) or (*f*) is given. The feminine endings of adjectives and nouns (such as jobs) are generally given in brackets after the masculine form. Irregular plurals are also indicated in this way. The following abbreviations have also been used throughout the book: *qqn* = quelqu'un; *qqch* = quelque chose; + *infin*. = plus infinitive.

À toi! vocabulary practice

These regular vocabulary practice activities will help you to test yourself, and will encourage you to scan the preceding lists looking for words that do not come to you straight away. The process of looking over these words will help you to remember them, just as an advertiser gets you to remember a message by showing it to you rapidly over and over again. The answers to the practice activities are given at the back of the book for you to check. You could also devise your own activities to test yourself – or a friend.

GCSE candidates

The GCSE examination boards specify a minimum core vocabulary required Foundation level, and *Comment dit-on...?* provides the core vocabulary requirements of all the GCSE boards. As these core requirements vary from board to board, Foundation vocabulary has not been artificially separated or highlighted. And as Foundation-level examinations will in any case contain a certain percentage of vocabulary beyond this defined core your best strategy for success is to absorb as much vocabulary as you can...

Learning vocabulary

You will not need to know all the words in this book, but if you can aim to learn as many as possible, you will be well on the way to giving yourself the best opportunity to reach the highest possible level in your French exam. Although in some examinations you may be allowed to refer to a dictionary, when you are listening or speaking you cannot constantly look up words – not only do you waste valuable time, you may also – in the heat of the moment – choose the wrong word! To avoid this happening, here are some tips for effective vocabulary learning...

* Go somewhere you can find peace and quiet. Other noises, especially talking, can be very distracting.

* Little and often. Don't try to learn huge amounts in long, intense sessions or your brain will overload! Every time you return to a section of vocabulary it will become more and more familiar. Six five-minute sessions are far more valuable than a half-hour stretch.

* It often helps to make up a sentence so that a word has a context – you have actually made the word work for you by making it convey information. Just a short sentence will do.

* *Saying* a word or phrase aloud (even in a whisper) means that you are *hearing* it as well as seeing it, and so has two routes into your brain.

* Writing vocabulary out helps many people – that's a third route into the brain.

* Always learn the gender (and irregular plural) with the noun, and practise these by including them in sentences.

* Learn the words French to English first. Cover up the English words to test yourself, then try the other way round.

* Look for resemblances to other words in English, German or any other languages you are learning. Even if the similarities are pure coincidences, they can still help.

* Try learning with a friend who is working towards the same exam. Test each other, taking it in turns from French to English, and then from English to French.

* Revise regularly what you have already learned, otherwise your hard work will easily be lost.

* Don't be put off if you have forgotten much of what you thought you had learned. Photographic memories are very rare indeed!

And finally, remember that it is very difficult to communicate effectively in French or indeed to do well in a French exam if you do not have the words ready. Imagine having to look up the fingering for every other note when playing a piece of music. As in music, the hard work you put into learning things will give you far more control and a greater sense of achievement. Remember too that you need both language skills and the raw material called vocabulary to achieve success. Your teacher and your course books are there to provide language skills, this book contains the raw material, carefully sorted and labelled. It will serve you best if you open it often!

Bon courage!

Paul Humberstone

Contents

CONTENTS

D The world of work

E The international world

A: Everyday activities

1 Les expressions temporelles
Expressions of time

a Les jours
Days

le jour	day
la semaine	week
lundi	Monday
mardi	Tuesday
mercredi	Wednesday
jeudi	Thursday
vendredi	Friday
samedi	Saturday
dimanche	Sunday

Quel jour de la semaine sommes-nous?	What day of the week is it today?
Nous sommes dimanche	It's Sunday

avant-hier	the day before yesterday
hier	yesterday
aujourd'hui	today
demain	tomorrow
après-demain	the day after tomorrow
la veille	the previous day
ce jour-là	that day
le lendemain	the next day
à partir de demain	from tomorrow
lundi dernier	last Monday
mardi prochain	next Tuesday
le mercredi	on Wednesdays
le jeudi suivant	on the following Thursday
tous les vendredis	every Friday
huit jours	a week
quinze jours	a fortnight
hier on était jeudi } hier c'était jeudi }	yesterday was Thursday
demain on sera samedi } demain ce sera samedi }	tomorrow will be Saturday

À toi! 1

Quel jour sommes-nous?   What day is it?

Exemple: *Hier, c'était jeudi = Nous sommes vendredi.*

1 *Demain nous serons jeudi.*
2 *Hier, c'était dimanche.*
3 *Après-demain nous serons lundi.*
4 *Avant-hier, c'était mercredi.*
5 *Il y a trois jours, c'était samedi.*
6 *Dans trois jours nous serons dimanche.*
7 *Après-demain nous serons mardi.*

b Les mois   ## Months

le mois	month	juillet	July
janvier	January	août	August
février	February	septembre	September
mars	March	octobre	October
avril	April	novembre	November
mai	May	décembre	December
juin	June		

en quel mois?	in which month?
en janvier / **au mois de janvier**	in January
pendant tout le mois de février	throughout February
le mois dernier	last month
prochain	next month
dans les mois qui viennent	in the coming months

c Les saisons   ## Seasons

la saison	season
le printemps	Spring
l'été *(m)*	Summer
l'automne *(m)*	Autumn
l'hiver *(m)*	Winter
en quelle saison?	in which season?
au printemps	in (the) Spring
en été	in (the) Summer
en automne	in (the) Autumn
en hiver	in (the) Winter

d Les années — Years

une année / un an	year
en quelle année?	in which year?
en l'an 2000	in the year 2000
cette année	this year
l'année dernière / passée	last year
prochaine	next year
le siècle	century
en quel siècle?	in which century?
au vingtième siècle	in the twentieth century
au siècle prochain	in the next century
le vingt et unième siècle	the 21st century

e Les moments de la journée — Times of the day

le matin	(in the) morning
l'après-midi (m)	(in the) afternoon
le soir	(in the) evening
la nuit	(at) night
hier soir	last night (= evening)
ce soir	tonight (= evening)

en début de matinée	early in the	morning
d'après-midi		afternoon
de soirée		evening
en fin de matinée	late in the	morning
d'après-midi		afternoon
de soirée		evening

tôt	early
de bonne heure	early (in the day)
(plus) tard	late(r)
il se fait tard	it's getting late
tôt ou tard	sooner or later

le temps	time (in general)
passer la journée	to spend the day
la matinée	morning
la soirée	evening
passer du temps à faire	to spend time doing
le temps passe vite	(the) time passes quickly

je n'ai pas le temps de...	I haven't the time to...
en même temps	at the same time
faire passer le temps	to pass the time

f L'heure — **Telling the time**

À quelle heure...?	At what time...?
Quelle heure est-il?	What is the time?
Vous avez l'heure, s'il vous plaît?	Do you have the time, please?

Il est midi	It is midday
minuit	midnight
une heure cinq	five past one
une heure dix	ten past one
une heure et quart	a quarter past one
une heure et demie	half past one
deux heures moins vingt-cinq	twenty-five to two
deux heures moins le quart	a quarter to two
deux heures moins dix	ten to two

à dix heures précises ⎫ à dix heures pile ⎬	at exactly 10 o'clock
vers onze heures	at about eleven o'clock

la montre	watch
à ma montre	by my watch
ma montre retarde	my watch is slow
avance	fast
remonter	to wind up
une horloge	clock
une horloge normande	grandfather clock
la pendule	small clock (e.g. on mantlepiece)

À toi! 2

Quelle heure est-il? Donne deux réponses chaque fois: une réponse qui indique une heure entre minuit et midi, une autre qui indique une heure entre midi et minuit. Écris les réponses en toutes lettres.

What time is it? Give two answers each time: one answer which shows a time between midnight and midday, another which shows a time between midday and midnight. Write your answers out in full. ➡

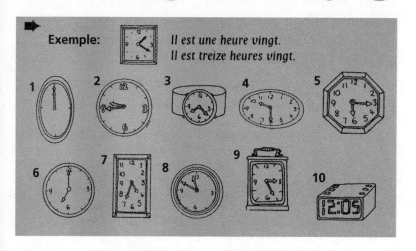

Exemple: *Il est une heure vingt.*
Il est treize heures vingt.

1 2 3 4 5

6 7 8 9 10

g Les périodes de temps — Periods of time

une heure	one/an hour
trois quarts d'heure	three quarters of an hour
une demi-heure	half an hour
un quart d'heure	a quarter of an hour
la minute	minute
la seconde	second
un instant	instant, moment
quelques instants	a few moments
un moment	a while
un petit moment	a little while
un bon moment	quite a while
en ce moment	at the moment
à ce moment-là	at that time
longtemps	for a long time
combien de temps?	how long?
durer	to last
Quelle est la durée de...?	How long does ... last?
Combien de temps faut-il pour...?	How long does it take to...?

h La fréquence — Frequency

une fois	once
encore une fois	once again
plusieurs fois	several times
la première fois	the first time

la dernière fois	the last time
de temps en temps	from time to time
deux fois par semaine	twice a week
le lundi et le mercredi	on Mondays and Wednesdays
trois fois par mois	three times a month
quatre fois par an	four times a year

tous les jours	every day
sauf le dimanche	except on Sundays
tous les quinze jours	every fortnight
toutes les trois semaines	every three weeks
tous les quatre mois	every four months
tous les cinq ans	every five years

toujours	always
souvent	often
normalement	normally
généralement	generally
d'habitude	usually
quelquefois	sometimes
parfois	occasionally

rarement	rarely
jamais	never
quotidien(-ne)	daily
hebdomadaire	weekly
mensuel(-le)	monthly
annuel(-le)	yearly

i À quel moment? — At what point?

maintenant	now
de nos jours ⎫ **ces jours-ci** ⎭	these days
récemment	recently
il y a deux jours	two days ago
dans trois ans	in three years' time
avant	before
après	after
pendant ⎫ **au cours de** ⎭	during
être en train de	to be in the process of
d'abord	first of all
ensuite	next

puis } alors }	then
après cela	after that
enfin	at last, finally
au bout de	at the end of, after + period of time
à la fin de	at the end of + event
au début de	at the beginning of

tout de suite } immédiatement }	immediately
aussitôt que possible	as soon as possible
tout à l'heure	presently
bientôt	soon
à l'avance	in advance
en avance	early
en retard	late
à l'heure	on time
ponctuel (le)	punctual
à temps	in time
tout à coup } soudain }	suddenly
tout d'un coup	all of a sudden
à cet instant	at that moment
déjà	already
pas encore	not yet
en même temps que	at the same time as
être sur le point de	to be about to
Elle n'est pas encore arrivée	She has not arrived yet
Il n'est toujours pas arrivé	He has still not arrived
Depuis combien de temps habites-tu ici?	How long have you been living here?
J'habite ici depuis deux ans	I have been living here for two years

le passé	the past
dans le passé	in the past
le présent	the present
à présent } actuellement }	at present
l'avenir (m) } le futur }	the future
à l'avenir } dans le futur }	in (the) future

À toi! 3

Tu as appris beaucoup d'expressions! Maintenant il faut choisir la bonne pour chacune des phrases suivantes:	*You have learnt a lot of expressions! Now you must choose one which suits each of the following sentences:*

1 J'espère que notre train va arriver ....

2 Pour être sûr(e) d'avoir des places au théâtre, je vais les réserver ....

3 Excuse-moi! Je suis .... parce que j'ai manqué le bus.

4 J'ai beaucoup de travail en ce ....

5 Je ne vais pas au cinéma cette semaine – j'ai .... vu le film.

6 Moi, j'y vais; je ne l'ai pas .... vu.

7 On n'a pas beaucoup de temps. Il faut partir .... que possible.

8 Tu es resté(e) en France .... toutes les vacances?

9 Il faut partir .... le matin pour éviter les embouteillages.

10 Je suis à cette école .... quatre ans déjà.

11 Je quitterai l'école .... deux ans à peu près.

12 J'espère qu'on va se revoir ....

13 Je n'ai pas le temps maintenant. Je le ferai plus ....

14 Tu vas à Paris .... combien de semaines?

15 C'est urgent! Viens ....!

2 Les chiffres / Numbers

a On compte / Counting

zéro	0	vingt-neuf	29
un	1	trente	30
deux	2	quarante	40
trois	3	cinquante	50
quatre	4	soixante	60
cinq	5	soixante-dix	70
six	6	soixante et onze	71
sept	7	soixante-douze	72
huit	8	soixante-treize	73
neuf	9	soixante-quatorze	74
dix	10	soixante-quinze	75
onze	11	soixante-seize	76
douze	12	soixante dix-sept	77
treize	13	soixante dix-huit	78
quatorze	14	soixante dix-neuf	79
quinze	15	quatre-vingts	80
seize	16	quatre-vingt-un	81
dix-sept	17	quatre-vingt-dix	90
dix-huit	18	quatre-vingt-onze	91
dix-neuf	19	cent	100
vingt	20	cent un	101
vingt et un	21	deux cents	200
vingt-deux	22	deux cent un	201
vingt-trois	23	mille	1000
vingt-quatre	24	mil neuf cent soixante-seize	1976
vingt-cinq	25	deux mille	2000
vingt-six	26	un million	1 000 000
vingt-sept	27	un milliard	1 000 000 000
vingt-huit	28		

b On calcule / Calculating

un chiffre	number, figure
additionner	to add together
l'addition *(f)*	addition
soustraire	to subtract
la soustraction	subtraction
multiplier par	to multiply by
la multiplication	multiplication
diviser par	to divide by

la division	division
plus	plus
moins	minus
fois	times
multiplié par	multiplied by
divisé par	divided by
le quart	quarter
le tiers	third
le demi	half
les deux tiers	two thirds
les trois quarts	three quarters

À toi! 4

Un peu de calcul! Écris les réponses en toutes lettres.

A little arithmetic! Write the answers out in full.

Exemple: *Onze plus quatre multiplié par deux =* *trente*

1 six fois cinq
2 vingt-deux multiplié par quatre
3 cent trente divisé par deux
4 deux mille moins quatre cents divisé par huit
5 cinq cents plus cent vingt-cinq moins cinq multiplié par trois

6 dix-huit plus vingt-deux plus soixante et un
7 soixante-quatorze moins trois
8 quatre fois quarante divisé par deux
9 quatre-vingts plus onze
10 deux cents multiplié par mille

c Les nombres ordinaux — Ordinal Numbers

premier (-ère)	first
deuxième **second(e)**	second
troisième	third
quatrième	fourth
cinquième	fifth
sixième	sixth
septième	seventh
huitième	eighth
neuvième	ninth
dixième	tenth
vingt et unième	twenty-first

centième	hundredth
énième	umpteenth

3 La vie à la maison — Life at home

a Avant l'école — Before school

se réveiller (je me réveille)	to wake up (I wake up)
se lever (je me lève)	to get up (I get up)
faire sa (je fais ma) toilette	to get (I get) washed, etc
se laver (je me lave)	to wash (I wash)
se laver les cheveux	to wash one's hair
prendre (je prends) un bain	to have a bath (I have a bath)
une douche	a shower
se doucher (je me douche)	to shower (I shower)
se raser (je me rase)	to shave (I shave)
se maquiller	to put on make-up
se brosser (je me brosse) les dents	to clean one's (I clean my) teeth
s'habiller (je m'habille)	to get dressed (I get dressed)
se coiffer (je me coiffe)	to do one's hair (I do my hair)
faire (je fais) le lit	to make (I make) the bed
ranger sa (je range ma) chambre	to tidy one's (I tidy my) room

descendre (je descends)	to go (I go) downstairs
prendre (je prends)	
le petit déjeuner	to have (I have) breakfast
boire (je bois) du café	to drink (I drink) coffee
thé	tea
lait	milk
manger (je mange) des céréales	to eat (I eat) cereal
du pain grillé	toast

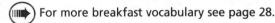 For more breakfast vocabulary see page 28.

préparer ses (je prépare mes) affaires	to get one's (I get my) things ready
un cartable	school bag
quitter (je quitte) la maison	to leave (I leave) the house
se dépêcher (je me dépêche)	to hurry (I hurry)

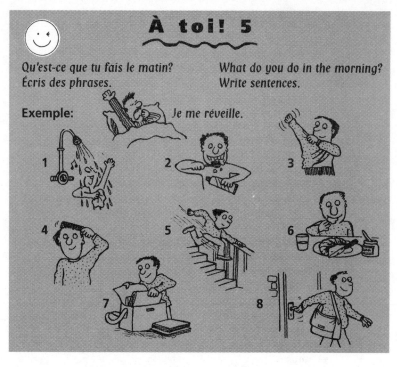

b Aller au collège — Going to school

attendre (j'attends) le bus	to wait (I wait) for the bus
un arrêt de bus	bus stop
le car de ramassage	school bus
prendre (je prends) le car **le bus**	} to get (I get) the bus
le train	the train
aller (je vais) au collège	to go (I go) to school
en vélo	by bike
en voiture	by car
à pied	on foot

 For more vocabulary relating to transport see pages 114–25.

c Après l'école — After school

la sortie des classes	the end of lessons
rentrer (je rentre) à la maison **chez moi**	} to go (I go) home

arriver (j'arrive) à la maison ⎱ chez moi ⎰	to arrive (I arrive) home
se changer (je me change)	to get (I get) changed
prendre (je prends) le goûter	to have (I have) a snack

d Le soir — In the evening

dîner (je dîne) en famille	to have (I have) dinner with the family
faire ses (je fais mes) devoirs	to do one's (I do my) homework
faire une rédaction	to write an essay
apprendre (j'apprends) par cœur	to learn (I learn) by heart
réviser (je révise) pour les examens	to revise (I revise) for the exams
écouter (j'écoute) des disques	to listen (I listen) to records
lire (je lis) un livre	to read (I read) a book
un magazine	a magazine
le journal	the newspaper
regarder (je regarde) la télé	to watch (I watch) TV
être (je suis) fatigué(e)	to be (I am) tired
se reposer (je me repose)	to rest (I rest)
se déshabiller (je me déshabille)	to get undressed (I get undressed)
se coucher (je me couche)	to go to bed (I go to bed)
s'endormir (je m'endors)	to go to sleep (I go to sleep)
dormir (je dors)	to sleep (I sleep)
faire (je fais) un (beau) rêve	to have (I have) a (pleasant) dream

À toi! 6

À quelle heure...?
Révise l'heure à la page 4 et dis à quelle heure tu fais les choses mentionnées ci-dessous. Commence avec la première chose que tu fais normalement.

At what time...?
Revise telling the time on page 4 and say at what time you do the things mentioned below. Start with the things you normally do first.

Exemple: *Je me réveille à sept heures du matin.*

J'écoute des disques	Je me déshabille
Je prépare mes affaires	Je prends le car
Je me couche	J'arrive au collège
Je quitte la maison	Je me change
Je fais le lit	J'ai le premier cours
Je dîne	Je prends le goûter
Je me réveille	J'arrive à la maison
Je mange à la cantine	Je prends une douche
J'ai une pause-café	Je range ma chambre
Je m'habille	Je fais mes devoirs
Je prends le petit-déjeuner	Je lis le journal/un livre
Je me lève	Je sors du collège

e Le week-end — The weekend

au week-end	at the weekend
le samedi	on Saturdays
le dimanche	on Sundays
faire (je fais) la grasse matinée	to have (I have) a lie in
avoir (j'ai) un petit job	to have (I have) a part-time job
travailler (je travaille)	to work (I work)
faire (je fais) du sport	to do (I do) sport
aller (je vais) à une soirée	to go (I go) to a party
se coucher (je me couche) tard	to go (I go) to bed late
aller (je vais) à l'église	to go (I go) to church

 For more leisure activities see pages 64–77.

4 La vie à l'école — Life at school

a La journée commence — The day begins

en classe	in class
Bonjour!	Good morning!
Monsieur ...	Mr ...
Madame ...	Mrs ...
Mademoiselle ...	Miss ...
Ça va?	Are you all right?
Oui, ça va bien, merci	Yes, I'm fine thanks
Comme ci, comme ça	So, so

Non, ça ne va pas	No, I'm not all right
Tout le monde est là?	Is everyone here?
Je vais faire l'appel	I'll take the register
Présent(e)!	Present!
Où est Richard/Anne?	Where is Richard/Anne?
Il est absent/Elle est absente ⎫	
Il/Elle n'est pas là ⎭	He's/She's away
Il/Elle est malade	He's/She's ill

b J'ai un problème

I have a problem

Pourquoi es-tu en retard?	Why are you late?
Mon réveil n'a pas sonné	My alarm did not go off
Ma mère a oublié de me réveiller	My mother forgot to wake me
Je me suis rendormi(e)	I went back to sleep
Mon bus n'est pas arrivé	My bus did not come
Le train était en retard	The train was late
On a été pris dans un embouteillage	We got stuck in a traffic jam
Excusez-moi, madame...	Excuse me, miss
S'il vous plaît, monsieur...	Please, sir...
Qu'est-ce qu'il y a?	What's the matter?
J'ai oublié...	I've forgotten...
Je ne trouve pas...	I can't find...
Je ne sais pas	I don't know
J'ai besoin de...	I need...
Je ne comprends pas	I don't understand
Vous pouvez répéter, s'il vous plaît?	Can you repeat, please?
Pardon	Pardon, sorry
Quelle page?	Which page?
Comment ça s'écrit?	How do you spell that?
Qu'est-ce que c'est en français?	How do you say that in French?
Qu'est-ce que ça veut dire?	What does that mean?
Qu'est-ce qu'il faut faire?	What do we have to do?
Est-ce que je peux aller aux toilettes?	Please may I go to the toilet?
Où est ton devoir?	Where is your homework?
Voici mon devoir	Here is my homework
Je m'excuse...	I'm sorry...

Je n'ai pas fait mon devoir	I have not done my homework
J'ai oublié...	I have forgotten...
J'ai perdu...	I have lost...
J'étais malade	I was ill
trop fatigué(e)	too tired
Je n'ai pas eu le temps	I did not have time
C'était trop difficile	It was too difficult
compliqué	complicated

c Instructions à la classe — Instructions to the class

Mettez-vous sur un rang	Get into a line
Entrez	Come in
Asseyez-vous	Sit down
Levez-vous	Stand up
Silence!	Silence!
Taisez-vous!	Be quiet!
Prenez vos livres	Get out your books
cahiers	exercise books
carnets de vocabulaire	vocabulary books
Vite!	Quickly!

Ouvrez à la page ...	Open at page ...
Cherchez	Look for
Regardez le tableau	Look at the board
Écoutez la cassette	Listen to the cassette
Écoutez l'enregistrement	Listen to the recording
Mettez votre casque	Put on your headphones
Travaillez avec vos partenaires	Work with your partners

Parlez	Speak
Discutez	Discuss
Expliquez	Explain
Répétez	Repeat
Posez des questions	Ask questions
Répondez	Answer

Prenez des notes	Take notes
Notez	Note down
Écrivez l'exercice	Write the exercise
Copiez	Copy down
Corrigez	Put right
Découpez	Cut out
Dessinez	Draw

Essayez	Try
Devinez	Guess
Faites un effort	Make an effort
Faites attention	Pay attention

Commencez	Begin
Continuez	Carry on
Arrêtez	Stop
Finissez	Finish
Posez vos stylos	Put down your pens
Fermez vos livres	Close your books

d Instructions à l'individu
Instructions to the individual

Assieds-toi	Sit down
Lève-toi	Get up
Tais-toi	Stop talking
Viens ici	Come here
Apporte-moi ton cahier	Bring me your exercise book
Dépêche-toi	Hurry up
Ne fais pas l'idiot	Don't be silly
Arrête de faire ça	Stop doing that

e Instructions écrites
Written Instructions

Écrivez votre nom	Write your name
Suivez les instructions	Follow the instructions
l'exemple *(m)*	the example
Faites l'exercice *(m)*	Do the exercise

un résumé	summary
un extrait	an extract
un article	an article
l'écriture *(f)*	writing
en majuscules	in capital letters
un accent	(written) accent

For instructions you are likely to encounter in exams, see pages 146–7.

f Les notes et les appréciations
Marks and comments

corriger	to correct, mark
la note	mark

sur vingt	out of twenty
la moyenne	average
Tu as eu combien?	What did you get?
J'ai eu quatorze	I got 14
le bulletin (scolaire)	report

excellent	excellent
très bien	very good
bien	good
satisfaisant	satisfactory
médiocre	mediocre
décevant	disappointing
insuffisant	inadequate
lamentable	pathetic
à refaire	to be done again

g Quelle sorte d'école? — What kind of school?

une école maternelle	nursery school
une école primaire	primary school
le collège **le CES (Collège d'Enseignement Secondaire)**	secondary school (11-15)
le lycée	secondary school (15-18)
une école de garçons	boys' school
une école de filles	girls' school
une école mixte	co-educational school
une école publique	state school
une école privée	private school
un internat	boarding school
un(e) interne **un(e) pensionnaire**	boarder
un(e) externe	day pupil (lunch at home)
un(e) demi-pensionnaire	day pupil (lunch at school)
un uniforme	uniform

h Les locaux — The premises

la salle de classe	classroom
le tableau (noir)	(black)board
la table de travail **le pupitre**	desk
le laboratoire	laboratory
le laboratoire de langues	language lab
un atelier	workshop, art room

la cour (de recréation)	playground
la salle des profs	staff room
la salle de musique	music room
la grande salle	the main hall
la bibliothèque	library
une infirmerie	sick bay
les toilettes (f)	toilets
la cantine	dining hall
le gymnase	gymnasium
le terrain de sport	sports ground
le vestiaire	cloakroom
le casier	locker, pigeon hole

À toi! 7

Fais correspondre les symboles aux locaux du collège.

Match up the symbols with with the parts of the school.

Exemple: = *le terrain de sport*

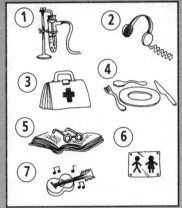

a) la bibliothèque
b) les toilettes
c) le laboratoire
d) **la salle de musique**
e) le laboratoire de langues
f) *la cantine*
g) *l'infirmerie*

i Les années — Year groups

être (je suis) en sixième	to be in year 7
en cinquième	year 8
en quatrième	year 9
en troisième	year 10
en seconde	year 11

en première	year 12/lower sixth
en terminale	year 13/upper sixth

j Les gens — People

un(e) élève	pupil
un(e) étudiant(e)	student
la classe	class
le groupe	group
le/la camarade de classe	school friend
le professeur	teacher (always masculine)
le/la prof	teacher
un(e) instituteur (-rice)	primary school teacher
le (la) directeur (-rice)	headteacher
le (la) conseiller (-ère) d'éducation	educational adviser
l'assistant(e)	foreign language assistant
le/la documentaliste	librarian/information officer
la secrétaire	secretary
le/la concierge	caretaker

permettre	to allow
avoir le droit de	to have the right to
punir	to punish
la punition	punishment
être en retenue } **être collé** }	to be in detention

 For adjectives to describe what people are like, see page 23.

k L'emploi du temps — The timetable

l'année scolaire (f)	school year
la rentrée des classes	beginning of the school year
le trimestre	term
le prof fait l'appel	the teacher does the register
le rassemblement des élèves	assembly
le cours	lesson
l'emploi du temps	timetable
trente-cinq cours par semaine	35 lessons a week
la récréation (la récré)	break time
bavarder avec les copains	to chat with friends
la pause-déjeuner	lunch break
les heures de permanence	study periods

apprendre	to learn
le travail	work
travailler	to work
étudier	to study
les études *(f)*	studies
le programme	syllabus
la matière	subject
préférer	to prefer
la science	science
les sciences naturelles **la biologie** }	biology
la chimie	chemistry
la physique	physics
les mathématiques/maths *(f)*	maths
le calcul	arithmetic
compter	to count
l'informatique *(f)*	computer studies
l'électronique *(f)*	electronics
la technologie	technology
la langue	language
la langue vivante	modern language
la langue morte	classical/dead language
l'anglais *(m)*	English
le français	French
l'allemand *(m)*	German
l'espagnol *(m)*	Spanish
l'italien *(m)*	Italian
le russe	Russian
le latin	Latin
le grec	Greek
traduire	to translate
parler couramment	to speak fluently
la phrase	sentence
une expression	expression
la grammaire	grammar
le vocabulaire	vocabulary
la langue parlée	the spoken language
la langue écrite	the written language
l'histoire *(f)*	history
la géographie	geography

l'instruction religieuse *(f)*	religious studies
l'instruction civique *(f)*	current affairs
le dessin	art, drawing
la musique	music
le TME (travail manuel éducatif)	craft, design and technology
le travail du bois	woodwork
le travail du métal	metalwork
la poterie	pottery
le sport	sport
l'EPS (l'éducation physique et sportive)	PE
la gymnastique	gym
les études ménagères	home economics
la cuisine	cookery

For subjects you may wish to study in the future, see page 127.

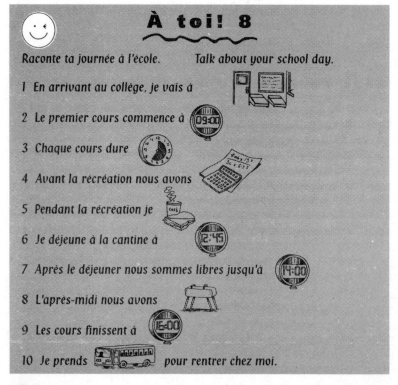

À toi! 8

Raconte ta journée à l'école.   *Talk about your school day.*

1 En arrivant au collège, je vais à

2 Le premier cours commence à **09:00**

3 Chaque cours dure

4 Avant la récréation nous avons

5 Pendant la récréation je

6 Je déjeune à la cantine à **12:45**

7 Après le déjeuner nous sommes libres jusqu'à **14:00**

8 L'après-midi nous avons

9 Les cours finissent à **16:00**

10 Je prends   pour rentrer chez moi.

1 Comment décrire les profs

How to describe the teachers

Il/Elle...

a de l'autorité	has authority
se fait chahuter	gets played up
donne confiance	inspires confidence
rend le travail agréable	makes the work pleasant
rend le travail pénible	makes the work tedious
enseigne bien	teaches well
explique clairement	explains clearly
intéresse les élèves	interests the pupils
est bien organisé(e)	is well organised
mal organisé(e)	badly organised
sympathique	friendly
désagréable	unpleasant
enthousiaste	enthusiastic
indifférent(e)	indifferent
décontracté(e)	relaxed
nerveux (-euse)	nervous
amusant(e)	amusing
ennuyeux (-euse)	boring
doué(e)	gifted
nul(le)	useless
patient(e)	patient
impatient(e)	impatient
sévère	severe
stricte	strict
exigeant(e)	demanding
peu exigeant(e)	undemanding

 For more adjectives to describe character, see page 49.

À toi! 9

Fais le portrait de chacun de tes professeurs!

Write a short description of each of your teachers!

Exemple: *La prof de français enseigne bien.*
La prof de maths est très patiente.

m Le matériel — Equipment

le crayon	pencil
le stylo	pen
le (stylo) feutre	felt-tip pen
le bic	biro
la gomme	rubber
les ciseaux *(m)*	scissors
l'encre *(f)*	ink
le papier	paper
la feuille de papier	sheet of paper
le dictionnaire	dictionary
le livre	book
le cahier	exercise book
le carnet	notebook
la calculette / la calculatrice	pocket calculator
la règle	ruler
un ordinateur	computer
le rétroprojecteur	overhead projector
Tu me prêtes un stylo?	Can I borrow a pen?

n Le Progrès — Progress

être fort(e) en français	to be good at French
avoir un bon niveau	to have reached a good standard
être moyen(ne) en chimie	to be average at chemistry
être faible en histoire	to be bad at history
être nul(le) en maths	to be hopeless at maths
obligatoire	compulsory
choisir	to choose
entre	between
ennuyeux (-euse)	boring
pénible	tedious
inutile	pointless
intéressant	interesting
passionnant	exciting
faire des progrès	to make progress
une amélioration	improvement
avoir un bon comportement	to behave well
avoir un mauvais comportement	to behave badly
paresseux (-euse)	lazy

travailleur (-euse)	hard working
sérieux (-euse)	serious-minded
travailler dur	to work hard
savoir	to know
faire une faute	to make a mistake
se tromper	to go wrong
avoir raison	to be right
avoir tort	to be wrong
le travail supplémentaire	extra work

À toi! 10

Remplis les blancs. Sois honnête!   *Fill in the gaps. Be honest!*

Exemple: *Ma matière préférée, c'est l'histoire.*

1 *Ma matière préférée, c'est* ....

2 *Je m'interesse beaucoup à la/au/aux* ....

3 *Je n'aime pas beaucoup* ....

4 *Je déteste* ....

5 *J'étudie le français depuis* .... *ans*

6 *Je suis fort(e) en* ....

7 *J'ai un bon niveau en* ....

8 *Je suis moyen(ne) en* ....

9 *Je suis faible en* ....

10 *Je suis nul(le) en* ....

o Les examens   Exams

réviser	to revise
passer un examen	to take an exam

une épreuve	test
le résultat	result
réussir	to succeed
j'ai réussi	passed
j'ai raté	I failed
tricher	to cheat
redoubler (l'année)	to repeat a year
le brevet des collèges	15+ diploma (optional)
le baccalauréat	A-levels
avoir son bac	to have passed one's A-levels
rater son bac	to fail one's A-levels

À toi! 11

a Trouve la première lettre de chaque mot défini ici. Les lettres forment trois mots qui expriment l'ambition de ton/ta correspondant(e) français(e).

a Find the first letter of each word defined here. The letters make up three words which express the ambition of your French pen-friend.

premier mot
jeune prof étranger (-ère) = ………
on y laisse son manteau = ………
machine avec mémoire = ………
enseigne les petits = ………
moment de repos = ………

deuxième mot
première année de collège = ………
tout le monde doit étudier les maths,
*   c'est … = ………*
pas fort du tout = ………

troisième mot
salle où on trouve beaucoup de livres = ………
salle pour TME ou poterie = ………
on y déjeune = ………

b Combien de mots scolaires peux-tu trouver ici? Il y en a une trentaine!

b How many items of school vocabulary can you find here? There are 30 or so!

K	C	S	T	Y	L	O	W	J	N	Y	B
B	I	C	C	L	E	C	A	H	I	E	R
I	M	I	O	B	C	O	U	R	S	K	A
E	T	E	M	A	T	I	E	R	E	S	T
N	R	N	P	D	U	G	X	N	O	T	E
B	A	C	T	P	R	O	F	U	W	J	R
T	D	E	E	N	E	C	A	L	C	U	L
Q	U	A	R	E	U	S	S	I	A	H	A
C	I	Z	J	P	I	S	C	I	N	E	N
A	R	A	I	S	O	N	P	J	T	F	G
S	E	C	O	N	D	E	L	Z	I	O	U
I	H	O	S	A	U	O	I	R	N	R	E
E	B	U	N	I	F	O	R	M	E	T	N
R	N	R	W	D	O	U	E	P	V	E	Z

5 La nourriture et les boissons
Food and drink

a Les repas — **Meals**

nourrir	to feed
la nourriture	food
la boisson	drink
avoir faim	to be hungry
avoir soif	to be thirsty
manger	to eat
boire	to drink
prendre un repas	to have a meal
le petit-déjeuner	breakfast
le déjeuner	lunch
le goûter	teatime snack

le dîner	dinner
le souper	supper
passer à table	to sit down at the table
sortir de table	to leave the table
être végétarien(ne)	to be vegetarian

b La vaisselle et les couverts — Crockery and cutlery

une assiette	plate
le bol	bowl
la tasse	cup
la soucoupe	saucer
le couteau	knife
la cuillère	spoon
la cuillère à soupe	soup spoon
la petite cuillère	tea/coffee spoon
la fourchette	fork

c Le petit-déjeuner — Breakfast

le pain	bread
la baguette	French stick
le croissant	croissant
la brioche	bun, sweet bread
la tartine	buttered bread
le beurre	butter
la confiture	jam
la confiture d'orange	marmalade
le miel	honey
les céréales *(f)*	cereal
un œuf	egg
un œuf à la coque	boiled egg
un œuf poché	poached egg
un œuf sur le plat	fried egg
des œufs au jambon	ham and eggs
des œufs brouillés	scrambled eggs

d Les boissons chaudes et les casse-croûte — Hot drinks and snacks

le café `}`	café-bar
le bistro	
le salon de thé	tea and coffee house

à la terrasse	on the terrace, outside
le café	coffee
le café-crème	small white coffee
le café au lait **le grand crème** }	large white coffee
le chocolat chaud	hot chocolate
le thé au lait	tea with milk
le thé au citron	tea with lemon
une infusion	herbal tea
le sucre	sugar

le casse-croûte	snack (usually with bread)
le sandwich au fromage	cheese sandwich
jambon	ham sandwich
pâté	pâté sandwich
saucisson	salami sandwich
le croque-monsieur	toasted ham and cheese sandwich
le croque-madame	toasted ham and cheese sandwich with egg
le cornet de frites	cone of chips
la gaufre	waffle
la crêpe	pancake
le hot-dog	hot dog
la merguez	spicy sausage
la pizza	pizza
le hamburger	hamburger
la quiche	flan
les chips (*m*)	crisps
les cacahuètes (*f*)	peanuts
le biscuit **le petit gâteau** }	sweet biscuit

e Les boissons   Drinks

la consommation **la boisson** }	drink
la boisson alcoolisée	alcoholic drink
non-alcoolisée	soft drink
fraîche	cold drink
gazeuse	fizzy drink
le coca	coca cola
l'eau minérale	mineral water

le jus de fruit	fruit juice
de pomme	apple juice
de tomate	tomato juice
de pamplemousse	grapefruit juice
la limonade	lemonade
un diabolo à la grenadine	lemonade with cordial
au cassis	blackcurrant
un orangina	fizzy orange
une orange pressée	fresh orange juice
la paille	straw
le glaçon	ice-cube
le verre	glass
la bouteille	bottle
le tire-bouchon	corkscrew
le bouchon	cork
verser	to pour
un apéritif	drink before a meal
le kir	white wine with blackcurrant
la bière	beer
le demi	approximately half a pint of beer
la bière à la pression	draught beer
en bouteille	bottled beer
le panaché	shandy
le cidre	cider
le vin rouge	red wine
blanc	white wine
rosé	rosé wine
la carafe	carafe
le quart	small carafe

f Au restaurant — At the restaurant

le restaurant	restaurant
la brasserie	bar-restaurant
le relais routier	roadside restaurant
le fast-food	fast-food restaurant
le self	self-service cafeteria
le menu à prix fixe	set meal (limited choice)
le couvert	place setting, cover charge
la carte	menu
la spécialité de la maison	house speciality
le plat du jour	dish of the day
le supplément	extra charge

service (non) compris	service (not) included
prix nets	service included
boisson non comprise	drink not included
boissons en sus	drinks extra
le garçon/le serveur	waiter
la serveuse	waitress
commander	to order
choisir	to choose
le choix	choice
apporter	to bring
servir	to serve
recommander	to recommend
le goût	taste
c'est bon	it's good
dégoûtant	disgusting
délicieux	delicious
l'addition *(f)*	bill
le pourboire	tip
un bon rapport qualité-prix	good value for money

g Les entrées   First courses

l'entrée *(f)* **le hors-d'œuvre**	starter
pour commencer	to start with
la charcuterie	ham, salami, pâté, etc
une assiette anglaise	selection of cold meats
les carottes râpées	grated raw carrots
les crudités *(f)*	grated/diced raw vegetables
le consommé	clear soup
le potage	soup
un œuf dur mayonnaise	hard-boiled egg with mayonnaise
le filet de hareng	herring fillet
les escargots *(m)*	snails
une omelette	omelette
nature	plain omelette
au jambon	ham omelette
au fromage	cheese omelette
la salade	salad
verte	green salad
composée	mixed salad
la laitue	lettuce

le concombre	cucumber
la tomate	tomato

h Les poissons   Fish

le poisson	fish
la crevette	shrimp
les fruits *(m)* de mer	seafood
le crabe	crab
le homard	lobster
les huîtres *(f)*	oysters
les moules *(f)* marinières	mussels in white wine
le saumon	salmon
la truite	trout
le thon	tuna
la daurade	bream
la sole	sole
le carrelet	plaice
le cabillaud	cod
le merlan	hake
le maquereau	mackerel
la sardine	sardine
une arête	fish bone

i Les viandes   Meat

le plat principal	main course
la viande	meat
le rôti de porc	roast pork
veau	veal
le rosbif	roast beef
le gigot d'agneau	roast lamb
le poulet rôti	roast chicken
le bœuf	beef
le bifteck ⎫ le steak ⎭	steak
bien cuit	well done
à point	medium
saignant	rare
bleu	very rare
tartare	raw, minced
haché	beefburger
la grillade	grilled meat
une entrecôte	chop

la volaille	poultry
la dinde	turkey
le canard	duck
une oie	goose
le ragoût de mouton	mutton stew
le pot-au-feu	meat and vegetable stew
la côte de porc	pork chop
veau	veal chop
la côtelette d'agneau	lamb cutlet
une escalope	escalope
le foie	liver
la saucisse	sausage
le jambon	ham
la sauce	sauce

j La garniture   Accompaniments

la garniture	accompanying vegetable
le légume	vegetable
le plat garni	meat or fish with vegetable(s)
les petits pois (m)	peas
les haricots verts (m)	beans
les carottes (f)	carrots
le champignon	mushroom
le chou	cabbage
le chou de Bruxelles	Brussels sprout
le chou-fleur	cauliflower
la pomme de terre	potato
la purée de pommes de terre	creamed mashed potato
les frites (f)	chips
les pommes sautées	fried potatoes
vapeur à l'anglaise }	boiled potatoes
un oignon	onion
les épinards (m)	spinach
une aubergine	aubergine
la betterave	beetroot
le poireau	leek
la courgette	courgette
le poivron	pepper (the vegetable)
un artichaut	artichoke
les pâtes (f)	pasta
le riz	rice

les spaghettis *(m)*	spaghetti
les nouilles *(f)*	noodles

k Les desserts — **Desserts**

le dessert	dessert
le fruit	fruit
un abricot	apricot
un ananas	pineapple
la banane	banana
la cerise	cherry
le citron	lemon
la fraise	strawberry
la framboise	raspberry
le kiwi	kiwi fruit
le melon	melon
une orange	orange
le pamplemousse	grapefruit
la pêche	peach
la poire	pear
la pomme	apple
la prune	plum
le raisin	grape
la noix	nut
la compote de fruits	stewed fruit
la salade de fruits	fruit salad
mûr	ripe
frais, fraîche	fresh

la glace	ice cream
le parfum	flavour
la vanille	vanilla
la crème caramel	caramel cream
la crêpe	pancake
le gâteau	cake, gateau
la pâtisserie	pastry
la tarte aux pommes	apple tart
la tarte maison	'homemade' tart
la mousse au chocolat	chocolate mousse
les îles flottantes	meringues in custard
la crème	cream
Chantilly	whipped cream
anglaise	custard
le yaourt	yoghurt

À toi! 12

Voici 21 lettres de l'alphabet.
Il faut trouver deux mots qui
commencent par a, deux par b,
etc, et qui correspondent aux
deux descriptions.

Here are 21 letters of the
alphabet. Find two words
which begin with a, two with
b, etc, and which match the
two descriptions.

a = un fruit — ce qu'il faut payer dans un restaurant
b = un fruit — une boisson alcoolisée
c = un légume — un snack
d = un poisson — un plat de volaille
e = un plat principal — un légume
f = servies avec un steak — un fruit
g = un plat de viande — un dessert
h = le premier plat — un fruit de mer
i = une boisson chaude — un dessert
j = une boisson non alcoolisée — de la charcuterie
k = un fruit — du vin blanc au cassis
l = une garniture — une boisson non alcoolisée
m = un dessert très riche — un poisson
n = petite et dure — en sus
o = un plat de volaille — une boisson à l'orange
p = bière et limonade — on le donne au serveur
q = une petite carafe — le rapport .... -prix
r = un restaurant pour chauffeurs — sorte de pot-au-feu
s = elle prend la commande — un poisson
t = un poisson — une boisson chaude
v = le poulet, le canard, etc — le bœuf, le steak, etc

1 La cuisine — Cooking

savoir faire la cuisine	to know how to cook
une recette	recipe
le tablier	apron
faire cuire	to cook (something raw)
faire rôtir	to roast
faire bouillir	to boil
faire frire	to fry

mélanger	to mix
ajouter	to add
battre	to beat, whip
couper	to cut (up)
l'huile *(f)* **(d'olive)**	(olive) oil
le vinaigre	vinegar
le sel	salt
le poivre	pepper
la farine	flour
le fromage	cheese
la moutarde	mustard
l'ail *(m)*	garlic
la vinaigrette	French dressing
le persil	parsley
maison	home made
en boîte	tinned
surgelé	frozen
aux fines herbes	with herbs
au gratin	with melted cheese
à la provençale	with tomato and garlic sauce
une odeur	smell, fragrance

À toi! 13

Combien de mots tirés de la section sur la nourriture (pages 27 à 36) peux-tu trouver ici? Il y en a plus de 15!

How many words taken from the section on food (pages 27–36) can you find here? There are more than 15!

H	J	A	M	B	O	N	R	M	N	T	F
B	E	U	R	R	E	X	Q	U	A	R	T
C	D	E	M	I	U	Z	B	R	T	C	S
A	P	W	X	B	F	O	I	E	U	H	R
F	A	M	E	L	O	N	L	A	R	O	I
E	I	C	R	E	V	E	T	T	E	U	Z
J	N	A	W	G	O	U	T	E	R	F	E

6 La santé   Health

a Les parties du corps   Parts of the body

la tête	head
les cheveux *(m)*	hair
l'oreille *(f)*	ear
le visage ⎫ la figure ⎭	face
le front	forehead
le sourcil	eyebrow
l'œil *(m)*, les yeux	eye, eyes
le nez	nose
la joue	cheek
la lèvre	lip
la bouche	mouth
la gencive	gum
la dent	tooth
la langue	tongue
le menton	chin

la gorge	throat
le cou	neck
l'épaule *(f)*	shoulder
le bras	arm
le coude	elbow
le poignet	wrist
la main	hand
le doigt	finger
le pouce	thumb
l'ongle *(f)*	nail

le dos	back
la poitrine	chest
le ventre ⎫ l'estomac *(m)* ⎭	stomach
la taille	waist, height
la hanche	hip
la cuisse	thigh
la jambe	leg
le genou (-oux)	knee(s)
la cheville	ankle
le pied	foot

le talon	heel
le doigt de pied	toe

le muscle	muscle
le cœur	heart
le poumon	lung
l'os *(m)*	bone
la peau	skin
le sang	blood
la sueur	sweat
suer } **transpirer**	to sweat
bâiller	to yawn
respirer	to breathe
avoir le hoquet	to have hiccoughs
aïe!	ouch!
bouger	to move

À toi! 14

Voici deux formes humaines. Comment s'appellent les parties du corps indiquées?

Here are two human figures. What are the names of the parts of the body indicated?

b Les problèmes médicaux   Medical problems

avoir mal aux dents	to have toothache
aller chez le dentiste	to go to the dentist
le plombage	filling
l'opticien	optician
myope	short-sighted
aveugle	blind
sourd	deaf

	avoir mal	to be in pain
avoir mal	à la gorge	to have a sore throat
	au ventre à l'estomac	stomach ache
	à la tête	a headache
	au dos	back ache
	à l'oreille	ear ache
	avoir chaud	to be hot
	avoir froid	to be cold
	se faire mal	to hurt oneself
	ça fait mal	it hurts
	se casser la jambe	to break one's leg
	le bras	arm
	se fouler le poignet	to sprain one's wrist
	la cheville	ankle
	une entorse	sprain
	enflé	swollen
	les courbatures (f)	stiffness, aches and pains
	la douleur	pain
	saigner du nez	to have a nose-bleed
	perdre connaissance	to pass out
	reprendre connaissance`	to come round

je n'ai pas la forme	I don't feel too well
la maladie	illness
se sentir (je me sens) malade	to feel (I feel) ill
aller mieux	to feel better
être sain(e)	to be healthy
avoir mal au cœur	to feel sick
vomir	to vomit
maigrir	to lose weight
grossir	to put on weight
tomber malade	to fall ill

souffrir	to suffer, to be in pain
être souffrant(e)	to be unwell
enrhumé(e)	to have a cold
tousser	to cough
la toux	cough
éternuer	to sneeze
le rhume	head-cold
avoir une angine	to have a throat infection
la fièvre	a temperature
la grippe	the flu
le rhume des foins	hay fever
le vertige	to feel dizzy
la tête me tourne	I feel dizzy
le coup de soleil	sunburn
une insolation	sunstroke
être constipé	to be constipated
la diarrhée	diarrhoea
la piqûre d'insecte	insect bite

À toi! 15

Qu'est-ce qu'il y a qui ne va pas?
Remplis les blancs.

What's wrong?
Fill in the gaps.

1 *J'ai trop crié au match de foot: j'ai* ....

2 *J'ai trop mangé au restaurant: j'ai* ....

3 *J'ai très chaud: j'ai* ....

4 *J'ai passé trop longtemps au soleil: j'ai* ....

5 *J'ai marché sous la pluie sans manteau: j'ai attrapé*

....

6 *Je suis tombé(e) en skiant: je me* ....

7 *J'éternue tout le temps: j'ai* ....

8 *J'ai trop travaillé dans le jardin hier: j'ai* ....

e Chez le médecin — At the doctor's

prendre rendez-vous	to make an appointment
aller chez le médecin	to go to the doctor's
les heures de consultation	surgery hours
le cabinet de consultation	surgery
examiner	to examine
le pansement	bandage, dressing
piquer	to give an injection
la piqûre	injection
le traitement	treatment
garder le lit	to stay in bed
se mettre au régime	to go on a diet
manger sain	to eat healthily

f Chez le pharmacien — At the chemist's

la pharmacie	chemist's
le pharmacien, la pharmacienne	chemist
prendre quelque chose contre...	to take something for...
le remède	remedy
une ordonnance	prescription
le médicament	medicine, pills, etc.
la posologie	dosage
le tube	tube
l'aspirine (f)	aspirin
le cachet } le comprimé }	tablet
la gélule	capsule
la pastille	pastille (e.g. for sore throat)
le somnifère	sleeping pill
le coton hydrophile } l'ouate (f) }	cotton wool
la crème solaire	sun cream
la pommade	ointment
essuyer	to wipe
le sirop	syrup
la cuillerée	spoonful
la goutte	drop
avaler	to swallow
le sparadrap	sticking plaster

g À l'hôpital — In hospital

un hôpital	hospital

la clinique	private hospital
être hospitalisé(e)	to be put in hospital
soigner	to look after
le chirurgien	surgeon
un infirmier	male nurse
une infirmière	female nurse
se faire opérer	to have an operation
le plâtre	plaster cast
la radiographie	X-ray
dans un état grave	in a serious condition

un accident de la route	road accident
une ambulance	ambulance
appeler police secours	to call the emergency services
grièvement blessé	seriously injured
légèrement blessé	slightly injured
être transporté à l'hôpital	to be taken to hospital
Au secours!	Help!

h La Mort — Death

mourir	to die
mort(e)	dead
décédé(e) } disparu(e) }	'passed away'
le cadavre	corpse
enterrer	to bury
un enterrement	burial
le cimetière	cemetery

i La dépendance — Addiction

fumer	to smoke
un(e) fumeur (-euse)	smoker
le tabac	tobacco
la cigarette	cigarette
le cigare	cigar
la pipe	pipe
Tu as du feu?	Do you have a light?
le briquet	lighter
les allumettes (f)	matches
le cendrier	ashtray
faire du genre	to show off
les pressions du groupe	peer-group pressure

tousser	to cough
nuisible	harmful
le tabac nuit à la santé	tobacco is bad for your health
le cancer du poumon	lung cancer
les maladies cardiaques	heart disease
l'alcool *(m)*	alcohol
l'alcoolisme *(m)*	alcoholism
ivre ⎫ **saoûl** ⎭	drunk
l'ivresse *(f)*	drunkenness
un ivrogne	drunkard
le stupéfiant ⎫ **la drogue** ⎭	drug
la drogue dure	hard drug
douce	soft drug
la seringue	syringe
le toxicomane	drug addict
le narcotrafiquant	drug dealer
le vendeur	pusher
s'adonner à	to get hooked on
la dépendance	addiction
l'effet *(m)* **à long terme**	long-term effect
la surdose	overdose
se passer de	to do without

B: Personal and social life

1 Moi, ma famille, mes amis
Myself, my family and friends

a On se présente
Personal identification

Je m'appelle...	I am called...
l'identité *(f)*	identity
le nom de famille	surname
le prénom	first name
l'âge *(m)*	age
la date de naissance	date of birth
né(e) le...	born on the...
l'anniversaire *(m)*	birthday
la nationalité	nationality
être de nationalité anglaise	to be English
britannique	British
française	French
la situation familiale	marital status
célibataire	single
marié(e)	married
divorcé(e)	divorced
séparé(e)	separated
veuf	widower
veuve	widow

les coordonnées *(f)*	contact details
habiter (à) + ville	to live at, in + town
demeurer quelque part	to live, stay somewhere
une adresse	address
le domicile	home
le code postal	postcode
le département	region
le numéro de téléphone	phone number

la religion	religion
être protestant(e)	to be Protestant
anglican(e)	Anglican
catholique	Roman Catholic
chrétien (-nne)	Christian
hindou(e)	Hindu

sikh	Sikh
juif, juive	Jewish
musulman(e)	Moslem
non-croyant	a non-believer

 For nationalities see pages 135–6.

À toi! 16

Remplis la fiche en donnant tes details:

Fill in the form with your details:

1. Nom de famille: ....

2. Prénom(s): ....

3. Né le: .... à: ....

4. Nationalité: ....

5. Religion: ....

6. Situation familiale: ....

7. Adresse: ....

....

8. Code postal: ....

9. Numéro de téléphone: ....

b La famille — The family

un homme	man
la femme	woman
le monsieur	gentleman
la dame	lady
le garçon	boy
la fille	girl

le/la gosse	kid
les parents (m)	parents
le père	father
papa	dad
la mère	mother
maman	mum
un(e) enfant	child
le fils	son
la fille	daughter
le frère	brother
la sœur	sister
le demi-frère	half brother
la demi-sœur	half sister
le bébé	baby
le/la petit(e) enfant	infant
le jumeau	male twin
la jumelle	female twin
être enfant unique	to be an only child
jeune	young
plus jeune que	younger than
plus âgé que	older than
moins âgé que	younger than
avoir un frère aîné	to have an older brother
une sœur aînée	sister
un frère cadet	a younger brother
une sœur cadette	sister
je suis l'aîné(e)	I am the oldest
je suis le/la cadet(te)	I am the youngest
un membre de la famille	a member of the family
un oncle	uncle
la tante	aunt
le/la cousin(e)	cousin
les grands-parents	grandparents
le grand-père	grandfather
la grand-mère	grandmother
le petit-fils	grandson
la petite-fille	granddaughter

se fiancer	to get engaged
se marier avec	to marry
le mari } l'époux }	husband
la femme } l'épouse }	wife

les beaux-parents	parents-in-law
le beau-père	father-in-law/stepfather
la belle-mère	mother-in-law/stepmother
le beau-frère	brother-in-law
la belle-sœur	sister-in-law
le gendre	son-in-law
la belle-fille	daughter-in-law
le parrain	godfather
la marraine	godmother
le/la voisin(e)	neighbour

l'enfance *(f)*	childhood
la jeunesse	youth
les jeunes	young people
mineur	under 18
majeur	over 18
atteindre la majorité	to reach the age of 18
les adultes	adults
les grandes personnes	grown-ups
le troisième âge	over-60 age-group
la vieillesse	old-age

À toi! 17

Remplis les blancs et souligne les mots qui décrivent ta famille:

Fill in the gaps and underline the words that describe your family:

* Je m'appelle ....

* J'ai .... ans.

* J'ai .... frère/frères cadet/cadets/aîné/aînés.

* J'ai .... sœur/sœurs cadette/cadettes/aînée/aînées.

* Je n'ai ni frères ni sœurs/ je n'ai pas de frères/je n'ai pas de sœurs.

* Mon frère qui s'appelle .... est plus/moins âgé que moi.

* Il a .... ans. ➡

COMMENT DIT-ON...?

* *Ma sœur qui s'appelle .... est plus/moins âgée que moi.*

* *Elle a .... ans.*

c La description physique — Physical description

j'ai les cheveux	my hair is
il/elle a les cheveux	his/her hair is
blonds	blond
noirs	black
bruns	brown
châtain clair	light brown
roux	red
blancs	grey, white
courts	short
longs	long
raides	straight
bouclés	curly (loose curls)
frisés	curly (tight curls)
j'ai les yeux	my eyes are
il/elle a les yeux	his/her eyes are
bleus	blue
marron	brown
verts	green
gris	grey
il porte la barbe / il est barbu	he has a beard
il est moustachu	he has a moustache
être chauve	to be bald
je/il/elle porte des lunettes	I/he/she wear(s) glasses
avoir des boutons	to have spots
avoir l'air...	to look, seem..
beau, belle	good-looking
joli(e)	pretty
moche	unattractive
laid(e) / vilain(e)	ugly

grand(e)	tall
petit(e)	short
de taille moyenne	of average height
gros(se)	fat
mince	slim
maigre	thin
pâle	pale
sportif (-ive)	sporty
dynamique	dynamic
fort(e)	strong
fragile	weak
jeune	young
vieux, vieille	old
d'un certain âge	middle-aged

d Le caractère — Character

avoir bon caractère	to be good-natured
avoir le sens de l'humour	to have a sense of humour
sympa(thique)	friendly
gentil(le) } **aimable** }	kind
gai	cheerful
charmant(e)	charming
honnête	honest
sérieux (-euse)	serious-minded (i.e. reliable)
intelligent(e)	intelligent
poli(e)	polite
habile	capable, skilful
optimiste	optimistic
timide	shy
manquer de confiance	to lack confidence
avoir mauvais caractère	to be ill-natured
impoli(e)	impolite
malin(-igne)	clever, crafty
fier, fière	proud
égoïste	self-centred
pessimiste	pessimistic
désagréable	unpleasant
méchant(e)	naughty, unkind
paresseux (-euse)	lazy
fou, folle	mad
insupportable	unbearable

 For other ways of describing character, see page 23.

À toi! 18

Combien de mots tirés de cette section (pages 44–9) peux-tu trouver ici. Il y en a 20!

How many words taken from this section (pages 44–9) can you find here? There are 20!

A	G	E	J	I	C	R	Q	F	N	E	E	O
W	P	G	O	L	H	J	R	O	U	X	L	M
F	O	U	L	M	A	I	G	R	E	S	M	I
V	L	A	I	D	U	F	J	T	S	B	A	N
E	I	N	E	R	V	I	L	A	I	N	R	C
U	T	A	N	T	E	L	X	B	Q	W	I	E
F	R	E	R	E	Y	S	O	E	U	R	S	S
D	E	I	P	E	S	S	A	C	O	P	T	O
F	I	L	L	E	A	P	A	P	A	S	S	U

e Les rencontres — Meetings

rencontrer	to meet
faire la connaissance de	to meet for the first time
(se) présenter	to introduce (oneself)
saluer	to greet
accueillir	to welcome
bienvenue!	welcome!
embrasser	to embrace
faire la bise	to kiss someone on both cheeks
serrer la main à quelqu'un	to shake hands with someone
enchanté(e)	pleased to meet you

f Les salutations — Greetings

salut!	hi!
bonjour	hello (also good morning/ afternoon)
bonne journée!	have a good day!
bonsoir	good evening
bonne soirée!	have a good evening!
bonne nuit	goodnight
bon week-end!	have a good weekend!
au revoir	goodbye
à tout à l'heure	see you later

à bientôt	see you soon
à demain	see you tomorrow
à un de ces jours	see you around

g Les amitiés — Friendships

un(e) ami(e) } le copain, la copine }	friend
le/la camarade de classe	school friend
le/la correspondant(e)	pen-friend
l'amitié *(f)*	friendship
Amitiés	Yours (finishing a letter)
le petit ami	boyfriend
la petite amie	girlfriend
s'entendre avec quelqu'un	to get on with someone
avoir confiance en quelqu'un	to have confidence in someone

h Les sentiments — Feelings

les sentiments *(m)*	feelings
les émotions *(f)*	emotions
l'amour *(m)*	love
aimer	to love
Je t'aime	I love you
aimer bien	to like
adorer	to adore

le bonheur	happiness
de bonne humeur	in a good mood
rire	to laugh
une blague } une plaisanterie }	joke
sourire	to smile
heureux (-euse)	happy
ravi (e)	delighted
l'espoir *(m)*	hope
espérer (j'espère)	to hope (I hope)

la tristesse	sadness
Tu me manques	I miss you
Il/Elle me manque	I miss him/her
le chagrin	unhappiness
de mauvaise humeur	in a bad mood
malheureux (-euse)	unhappy

mécontent(e)	displeased
la jalousie	jealousy
jaloux (-ouse)	jealous
le souci	worry
inquiet (-ète)	anxious
s'inquiéter **se faire du souci** }	to get worried
se méfier de	to distrust
se fâcher contre	to get angry with
se mettre en colère	to lose one's temper
la colère	anger
zut!	bother!
mince!	damn!
ça alors!	good heavens!
avoir honte	to be ashamed
être (vraiment) désolé(e)	to be (really) sorry
regretter	to regret
être déprimé(e)	to be depressed
avoir peur	to be afraid
craindre	to fear
je n'ose pas + *infin.*	I don't dare to...
désespérer	to despair
pleurer	to cry
conseiller	to advise
le conseil	piece of advice

For more ways to express feelings and opinions, see pages 77–80.

2 Chez nous   House and home

a On s'installe   Settling in

déménager	to move house
le fourgon de déménagement	removal van
emménager	to move in
s'installer	to settle in
habiter	to live (in)
louer	to rent
construire **bâtir** }	to build
agrandir	to extend, enlarge
rénover	to renovate
aménager	to convert and equip

décorer	to decorate
réparer	to repair
la réparation	repair

b Description générale — General description

la maison	house
une vieille maison	an old house
une maison moderne	a modern house
neuve	a brand-new house
une villa	detached house
un appartement	flat
un (appartement) HLM	council flat
le grand ensemble la cité	council estate
un immeuble	block of flats
la résidence	(group of) apartment building(s)
le studio	bedsit

construit(e) en brique	built of brick	
pierre		stone
béton		concrete
le métal	metal	
le bois	wood	
le plastique	plastic	

confortable	comfortable
propre	clean
pratique	practical
sale	dirty
en bon état	in good condition
en mauvais état	in bad condition
luxueux (-euse)	luxurious
modeste	modest, ordinary
trente m² (mètres carrés)	30 square metres
(à) l'extérieur (m)	(on) the outside
(à) l'intérieur (m)	(on) the inside

le toit	roof
la tuile	tile
une ardoise	slate
la cheminée	fireplace
une antenne	aerial
une antenne parabolique	satellite dish

la façade	the front (of a building)
la cour	courtyard
la terrasse	terrace
donner sur	to look out onto
aller dehors	to go outside
le/la concierge	caretaker
la loge	caretaker's flat
l'entrée principale	main entrance
la porte d'entrée	front door
le seuil	threshold, doorstep
la sonnette	door bell
l'entrée (f) le vestibule	entrance hall
un ascenseur	lift
un escalier	staircase
le palier	landing
le rez-de-chaussée	ground floor
au rez-de-chaussée	on the ground floor
le premier étage	first floor
au premier étage	on the first floor
au dernier étage	on the top floor
en bas	downstairs
en haut	upstairs
la cave	cellar
le sous-sol	basement
le grenier	loft
la mansarde	attic room

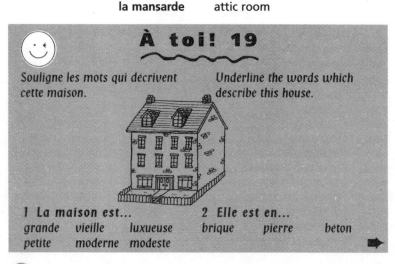

À toi! 19

Souligne les mots qui decrivent cette maison.

Underline the words which describe this house.

1 La maison est...
grande   vieille   luxueuse
petite   moderne   modeste

2 Elle est en...
brique   pierre   beton

3 À l'intérieur il y a...

un étage	plus un grenier
deux étages	plus une cave
trois étages	mais pas de cave

4 À l'extérieur il y a...

un grand jardin   un petit jardin
une cour

c La description détaillée — Detailed description

la porte	door
la clef/clé	key
le trousseau de clefs	ring of keys
la serrure	lock
le verrou	bolt
le mur	wall
la fenêtre	window
la porte-fenêtre	French windows
la porte coulissante	sliding door
la porte vitrée	glazed door
la vitre	pane of glass
le carreau	window pane
le volet	shutter
le store	blind
le rebord de la fenêtre	window ledge
le balcon	balcony
le couloir	corridor
la pièce	room
le plafond	ceiling
le plancher	floor
le tapis	small carpet, rug
la moquette	fitted carpet
le parquet	wood-block flooring
le linoléum	lino
le dallage	floor tiling
le meuble	piece of furniture
le mobilier	the furniture
le décor	decorations
le papier peint	wallpaper
la peinture	paint
peindre	to paint
le rideau, les rideaux	curtain(s)
tirer les rideaux	to pull the curtains

d La cuisine — The kitchen

la cuisine intégrée	fitted kitchen
le coin-cuisine	kitchenette
bien équipé(e)	well equipped
la cuisinière	cooker
la cuisinière à gaz	gas cooker
électrique	electric cooker
le four	oven
le micro-ondes	microwave
le réfrigérateur le frigo le frigidaire	refrigerator
le congélateur	freezer
le lave-linge la machine à laver	washing machine
le lave-vaisselle	dishwasher
une essoreuse	spin drier
la bouilloire (électrique)	(electric) kettle
le robot	food-processor
le moulin à café	coffee grinder
le grille-pain	toaster
la théière	teapot
la cafetière	coffee pot
le garde-manger	larder
le placard	cupboard
un évier	sink
le robinet	tap
ouvrir le robinet	to turn on the tap
fermer le robinet	to turn off the tap
la marmite la casserole	saucepan
la poêle	frying pan
le couvercle	lid
les ustensiles (m) de cuisine	kitchen tools
le tire-bouchon	corkscrew
un ouvre-boîtes	tin opener
le plateau	tray
les ciseaux (m)	scissors
la poubelle	waste bin

e Le salon — The sitting-room

le séjour	living-room

le fauteuil	armchair
le canapé ⎫	
le sofa ⎭	sofa
le coussin	cushion
la table basse	coffee table
le téléviseur	TV set
le magnétoscope	video recorder
la chaîne hi-fi	stereo system
les enceintes (f)	speakers
le tableau	picture
la photo	photo
une étagère	set of shelves
la pendule	clock
la cheminée	mantlepiece
le vase	vase
le lampadaire	standard lamp
la lampe	lamp
un abat-jour	lamp-shade
le bibelot	ornament
le cendrier	ashtray

f La salle à manger — The dining room

la table	table
la chaise	chair
le buffet	sideboard
la vaisselle	crockery
le vaisselier	dresser
la nappe	table cloth

g Le cabinet de travail — The study

le bureau	desk
le téléphone	telephone
le classeur	filing cabinet
la bibliothèque	bookcase
la corbeille à papier	waste paper basket
le micro-ordinateur	personal computer

h La chambre — The bedroom

partager	to share
la chambre d'ami	guest room
le lit	bed
le lit d'enfant	cot

le matelas	matress
le linge	(bed)linen
la couette	duvet
la housse de couette	duvet cover
la couverture	blanket
le drap	sheet
le couvre-lit ⎫ **le dessus-de-lit** ⎭	bedspread
un oreiller	pillow
la table de chevet ⎫ **le chevet** ⎭	bedside table
la lampe de chevet	bedside lamp
le radioréveil	radio alarm
une armoire	wardrobe
le cintre	hanger
la commode	chest of drawers
le tiroir	drawer
la glace ⎫ **le miroir** ⎭	mirror
le poster	poster
le transistor	transistor radio
la radio-cassette	radio cassette recorder

i La salle de bains — The bathroom

la salle d'eau	shower room
le cabinet de toilette	washroom
les toilettes *(f)* ⎫ **les WC** *(m)* ⎭	toilet
le papier hygiénique	toilet paper
la douche	shower
la baignoire	the bath
l'eau chaude	hot water
le lavabo	washbasin
le savon	soap
le gant de toilette	flannel
une éponge	sponge
la serviette	towel
le shampooing	shampoo
se laver les cheveux	to wash one's hair
la brosse à dents	toothbrush
le dentifrice	toothpaste
le rasoir	razor

la mousse à raser	shaving foam
la prise-rasoir	shaver-point
le séchoir	hair-drier
le peigne	comb

À toi! 20

Remplis les blancs.   *Fill in the gaps.*

Exemple: *On met le lait dans* ...*le frigo*........

1   *On prépare les repas dans* ....

2   *On prend les repas dans* .... *ou*

    ....

3   *On trouve un sofa et un téléviseur dans* ....

4   *On monte par* ....

5   *On se lave dans* ....

6   *On couche dans* .... *dans un* ....

7   *On met les vêtements dans* .... *ou*

    ....

8   *On range ses livres sur* .... *ou dans*

    ....

j Les corvées ménagères   Household chores

salir	to make dirty
faire le ménage	to do the housework
demander à *qqn* de faire *qqch*	to ask someone to do
prier *qqn* de faire *qqch* }	something
nettoyer }	to clean
le seau	bucket
balayer	to sweep

le balai	broom
passer l'aspirateur	to hoover
la poussière	dust
enlever la poussière	to dust
le chiffon	duster
faire le lit	to make the bed
ranger la chambre	to tidy the bedroom
faire la lessive	to do the washing
faire le repassage	to do the ironing
le fer à repasser	iron
la planche à repasser	ironing board
la machine à coudre	sewing machine
raccommoder	to mend (clothes, linen)
faire la cuisine	to do the cooking
éplucher les légumes	to peel the vegetables
mettre le couvert	to lay the table
débarrasser la table	to clear the table
faire la vaisselle	to wash up
essuyer la vaisselle	to dry up
le torchon	drying-up cloth
sécher	to dry
enlever les ordures	to take out the rubbish
la poubelle	dustbin

le bricolage	odd jobs, DIY
le pinceau	paint brush
le marteau	hammer
le clou	nail
la vis	screw
le tournevis	screwdriver
la clef anglaise	spanner
une échelle	ladder
faire venir le plombier	to call the plumber

À toi! 21

Quelle confusion! J'ai laissé trainer des affaires partout! Où est-ce que je dois ranger chaque article? Fais correspondre les lettres aux chiffres et fais des phrases.

What a muddle! I have left things all over the place! Where should I put each item? Match each letter with a number and make sentences.

➡

➡️ Exemple: *a=6 Tu dois mettre le poster dans ta chambre.*

(a) le poster   (d) **les ordures**   (j) *la couverture*

(c) le papier hygiénique   (h) *la vaisselle*

(b) le dentifrice   (g) la nappe

(e) le linge sale   (f) *l'ouvre-boîtes*   (i) le cintre

---

(1) *dans la poubelle*   (7) sur ton lit

(3) dans la machine à laver   (8) **dans les WC**

(2) dans la cuisine   (5) dans le buffet

(6) **dans ta chambre**   (9) **sur la table**

(10) *dans la salle de bains*   (4) dans l'armoire

---

k Le chauffage et l'éclairage	**Heating and lighting**
le chauffage (central)	(central) heating
le radiateur	radiator
la chaudière	boiler
le chauffe-eau	water heater
brûler	to burn
le charbon	coal
le bois	wood
le mazout } le fioul	heating oil
le gaz	gas
le poêle	stove
le tuyau	pipe
la fumée	smoke
l'EDF (Electricité de France)	French electricity company
le GDF (Gaz de France)	French gas company
la lumière	light
éclairer	to provide light
bien/mal éclairé	well/badly lit

allumer	to put the light on
éteindre (j'éteins)	off
un plomb a sauté	a fuse has blown
une allumette	match
la bougie	candle
une ampoule	bulb
brancher	to plug in
débrancher	to unplug
la prise de courant	socket, plug
marcher	to work
en panne	broken down, not working

l À l'extérieur   **Outside**

le garage	garage
la dépendance	outbuilding
le parking	car park
la terrasse	terrace
la muraille	outside wall

le jardin	garden
le jardinage	gardening
le jardin potager	vegetable/kitchen garden
la grille	garden gate
le buisson	bush
l'herbe *(f)*	grass
la pelouse } **le gazon** }	lawn
tondre le gazon	to mow the lawn
la tondeuse	lawn mower
un arbre (fruitier)	(fruit) tree
la plante	plant
la fleur	flower
cultiver	to grow
arroser	to water
la mauvaise herbe	weed
arracher les mauvaises herbes	to weed

m Les animaux domestiques   **Pets**

un animal domestique	pet
le chat	cat
le chien	dog
la hamster	hamster
le lapin	rabbit

le cochon d'Inde ⎫ le cobaye ⎭	guinea-pig
la souris	mouse
la tortue	tortoise
le poisson rouge	goldfish
un oiseau	bird
le canari	canary
la perruche	budgerigar
le perroquet	parrot
le cheval	horse
le poney	poney

ronronner	to purr
miauler	to mew
aboyer	to bark
mordre	to bite
la niche	kennel
le bocal	goldfish bowl
la cage	cage
donner à manger à	to feed
chien méchant!	beware of the dog!
couché!	lie down!

For more names of animals see pages 96–7.

À toi! 22

Complète les mots croisés des animaux domestiques.

Complete the pets crossword.

3 Les passe-temps · Leisure activities

a Le temps libre · Free time

les loisirs *(m)*	free time
une activité	activity
le passe-temps	pastime
les distractions *(f)*	entertainments
s'amuser	to have a good time
passer le week-end à + *infin.*	to spend the weekend ...ing
consacrer du temps à *qqch*	to devote time to something
avoir l'occasion de + *infin.*	to have the chance to
avoir le droit de + *infin.*	to have the right to

intéressant(e)	interesting
amusant(e)	enjoyable
passionnant(e)	very exciting
s'intéresser à (je m'intéresse à)	to be interested in
être passionné(e) pour	
un fan de	to be mad keen on
mordu(e) de	
préférer (je préfère)	to like best

b Le sport · Sport

être sportif (-ive)	to be a sporty type
faire du sport	to do sport
jouer à un sport	
pratiquer un sport	to play a sport
participer à	to take part in

j'aime le/je joue au football	I like/I play football
rugby	rugby
cricket	cricket
tennis	tennis
hockey	hockey
basket	basketball
volleyball	volleyball
squash	squash
badminton	badminton
handball	handball

j'aime le/je fais du judo	I like/I do judo
cyclisme	cycling
patin	skating
patin à roulettes	roller skating
jogging	jogging
cross	cross-country running
ski	skiing
ski de fond	cross-country skiing
ski nautique	water skiing
j'aime la/je fais de la natation	I like/I do swimming
gymnastique	gymnastics
planche à roulettes	skate-boarding
planche à voile	windsurfing
voile	sailing
danse	dance
je fais de l'escrime	I do fencing
de l'athlétisme	athletics
de l'aviron	rowing
de l'équitation } **du cheval**	riding
je fais des promenades *(f)*	I go walking
des randonnées *(f)*	hiking
une équipe	team
la première équipe	the first team
le joueur/la joueuse	player
le membre	member
je suis membre de	I am a member of
je fais partie de	I belong to
disputer un match de...	to play a ... match
faire une partie de...	to have a game of...
courir	to run
nager	to swim
le championnat	championships
Le Tour de France	Tour de France (French cycling race)
marquer un but	to score a goal
un essai	a try

le résultat	result
gagner	to win
perdre	to lose
faire match nul	to draw
deux (buts) partout	two (goals) all
un arbitre	referee

le stade	stadium
le centre sportif	sports centre
le terrain de sport	sports ground
la salle des sports	sports hall
le court de tennis	tennis court
la piscine	swimming pool
la piste	ski run
la patinoire	ice rink
le centre d'équitation	riding stables

les patins (m) à roulettes	roller skates
le ballon	ball

c On téléphone pour prendre rendez-vous
Phoning to arrange a meeting

avoir le téléphone	to have a phone (at home)
téléphoner à *qqn* appeler *qqn*	to telephone someone
passer un coup de fil à *qqn* un coup de téléphone à *qqn*	to give someone a ring
le numéro de téléphone	phone number
l'indicatif *(m)*	area code
décrocher le combiné	to lift the receiver
la tonalité	dialling tone
composer le numéro faire le numéro	to dial the number
ça sonne	it's ringing
la ligne est occupée	the line is engaged
le faux numéro	wrong number
ça ne répond pas	there's no reply
le répondeur (téléphonique)	answering machine
rappeler	to call back
raccrocher	to hang up

 For more telephone vocabulary see page 114 and page 133.

Allô	Hello
Marcel est là, s'il vous plaît?	Is Marcel there, please?
C'est de la part de qui?	Who's calling?
C'est Marie-Christine à l'appareil	It's Marie-Christine speaking
Il ne va pas tarder	He won't be long
Je te (vous) le/la passe	Here he/she is

On se voit samedi?	Shall we meet on Saturday?
Tu es libre?	Are you free?
Ça dépend	That depends
Je suis pris(e)	I have something on
Quel dommage!	What a pity!
Si on sortait?	How about going out?
Si on allait au ciné?	How about going to the cinema?
Si je t'emmenais au restaurant?	How about my taking you out for a meal?
Je veux bien	I'd like that
Bonne idée!	Good idea!
Chic alors!	Great!
Avec plaisir!	With pleasure!
Ça me ferait plaisir	That would be great
Tu passes me prendre?	Will you call for me?
Où est-ce qu'on se retrouve?	Where shall we meet?
Vers quelle heure?	At about what time?
À samedi, alors	See you on Saturday then

d Les sorties — Going out

sortir	to go out
proposer	to suggest
inviter	to invite
une invitation	invitation
envoyer	to send
recevoir	to receive
accepter	to accept
refuser	to refuse
avoir un empêchement	to have something else on
l'hôte *(m)*	host
l'hôtesse *(f)*	hostess
la soirée	evening, evening party
la boum	party
la surprise-partie	party (less usual)
rencontrer des copains	to meet up with friends

bavarder avec des copains	to chat with friends
accompagner	to accompany
le club	club
la Maison des Jeunes	youth club
la MJC (maison des jeunes et de la culture)	community youth club and arts centre
le lieu de rencontre	meeting place
(se) rencontrer	to meet
se retrouver	to meet up with
aller en ville	to go into town
aller au café	to go to a café/bar
jouer au flipper	to play pinball
la partie de babyfoot	game of table football
le jeu vidéo **le jeu électronique** }	video game
le cirque	circus
la foire	fair
le bal	dance
la discothèque	disco
danser	to dance
la boîte	night club
l'ambiance *(f)*	atmosphere
l'entrée *(f)*	admission

À toi! 23

Regarde les images et complète les phrases.

Look at the pictures and complete the sentences.

1 J'aime jouer .... et ....

2 J'aime aussi ....

3 Ma sœur aime ....

4 Mon ami adore jouer ....

5 Le week-end, j'aime aller en ....

e Le cinéma

The cinema

passer un film	to show a film
tourner un film	to make a film
le producteur	producer
le réalisateur ⎱	director
le metteur en scène ⎰	

doubler	to dub
en version originale	in the original language
en version française	dubbed in French
sous-titré(e)	subtitled
en couleurs	in colour
en noir et blanc	in black and white
la vedette	star
interdit aux moins de 18 ans	18 film
la séance de 20 heures	the 8.00 pm screening
le guichet ⎱	box office
le bureau de location ⎰	
la place	seat
tarif normal	full price
tarif réduit	concessionary price
un écran	screen
prochainement	coming soon
la bande-annonce	trailer
le spot publicitaire	advertisement
la pub	advertisement, advertising
le western	western
le dessin animé	cartoon
la comédie dramatique	film drama
le film d'épouvante	horror film
d'amour	romantic film
de science-fiction	science fiction film
d'aventures	adventure film
de guerre	war film
d'espionnage	spy film
policier	crime film
comique	comedy film

f Le théâtre

The theatre

aller au spectacle	to go to a show
faire du théâtre	to act in plays
jouer un rôle	to play a part

le club de théâtre	theatre group
un acteur	actor
une actrice	actress
le comédien	actor
la comédienne	actress
un acteur/une actrice comique	comedian/comedienne
la pièce de théâtre	play
le drame	drama
la comédie	comedy
la tragédie	tragedy
la pièce à suspense	thriller
la mise en scène	production
la représentation	performance

louer des places	to book seats
le bureau de location	booking office
le fauteuil	seat
le parterre l'orchestre (m)	stalls
le balcon	circle
le deuxième balcon	gallery
une ouvreuse	usherette
le pourboire	tip
la scène	stage
le rideau	curtain
les projecteurs (m)	lights
le maquillage	make-up
le costume	costume
le décor	scenery
l'entracte (m)	interval
les applaudissements (m)	applause
applaudir	to applaud
le foyer	foyer
la sortie	exit
la sortie de secours	emergency exit
poussez	push
tirez	pull
défense de fumer	no smoking

g La lecture — Reading

lire	to read
le livre	book
la lecture	reading

un auteur	author
un écrivain	writer
le roman	novel
le roman policier	crime novel
d'amour	romantic novel
d'anticipation	science fiction novel
historique	historical novel
la biographie	biography
le conte / le récit	short story
le titre	title
le narrateur	narrator
raconter	to recount
le (la) raconteur (-euse)	storyteller
une histoire	story
décrire	to describe
la description	description
l'intrigue *(f)*	plot
le dénouement	outcome
le personnage	character
le héros	hero
l'héroïne	heroine
imaginaire	imaginary
sentimental(e)	sentimental
émouvant(e)	moving

le poète	poet
le poème	poem
le recueil	collection
un éditeur	publisher

h La presse — The press

le journal	newspaper
le magazine	magazine
la bande dessinée	strip cartoon
quotidien(ne)	daily
hebdomadaire	weekly
mensuel(le)	monthly
régional	regional
le journaliste	journalist
le photographe	photographer
la photo	photo
le journal de grand format	broadsheet newspaper

le tabloïd	tabloid newspaper
la presse à sensation	the tabloid press
un article	article
le compte rendu	report
le reportage	report, press coverage
les titres	headlines
à la une	on the front page
Exclusivité	Only in the...

les informations *(f)*	news
la politique	politics
l'économie *(f)*	economy
les événements *(m)*	events
se passer	
avoir lieu	to happen
arriver	
commenter	to comment on
un sondage	survey, poll
la rubrique des sports	sports column
les petites annonces	small ads
le faire-part de mariage	wedding announcement
décès	death announcement
le courrier	letters to the editor
les mots croisés	crossword puzzle
les annonces publicitaires *(f)*	advertisements
la publicité	advertising
le fait divers	news item

À toi! 24

Quelles sont tes préférences?
Complète ce sondage.

What are your preferences?
Complete this survey form.

I Comme films, j'aime surtout les ....

    j'aime bien les ....

    je n'aime pas du tout les ....

Mon film préféré c'est ....

2 Au théâtre, j'aime ....

je n'aime pas du tout ....

je ne vais jamais au théâtre ☐

3 Comme livres, j'aime lire les ....

je n'aime pas les ....

Mon livre préféré c'est ....

4 Comme journaux, j'aime lire ....

Dans les journaux je regarde ....

Je ne lis jamais de journal ☐

5 Comme magazines, j'aime lire ....

Je ne lis jamais de magazine ☐

i Les autres passe-temps — Other hobbies

collectionner	to collect
faire de la peinture	to paint
de la poterie	to do pottery
du bricolage	DIY
de la couture	to do sewing
du tricot	to do knitting
coudre	to sew
tricoter	to knit
jouer aux échecs	to play chess
aux cartes	to play cards
au bridge	to play bridge
aller à la pêche	to go fishing
la canne à pêche	fishing rod
faire des photos	to do photography
prendre une photo	to take a photo
un appareil photo	camera
le camescope	camcorder

la caméra	movie-camera
la pellicule	film
développer	to develop
le développement	developing
tirer	to print
le cliché	print
la diapositive	colour slide

j L'art — Art

une exposition	exhibition
le musée	museum, art gallery
la galerie d'art	art gallery
peindre	to paint
la peinture	painting
dessiner	to draw
le dessin	drawing
le tableau	picture
la toile	canvas
le portraitiste	portrait painter
le portrait	portrait
la nature morte	still life
le paysagiste	landscape painter
le paysage	landscape
au premier plan	in the foreground
à l'arrière plan	in the background
le sculpteur	sculptor
la sculpture	sculpture
la statue	statue
le buste	bust

k La musique — Music

écouter des disques	to listen to records
une cassette	cassette
un CD / un compact disc	CD
le groupe	group, band
faire partie d'un groupe	to be in a group
le tube	hit song
le concert	concert
la musique pop	pop music
rock	rock music
classique	classical music

le rap	rap music
le folk	folk music
le jazz	jazz

jouer d'un instrument	to play an instrument
je joue du piano	I play the piano
violon	violin
hautbois	oboe
saxophone	saxophone
cor	French horn
basson	bassoon
violoncelle	cello
je joue de la clarinette	I play the clarinet
flûte	flute
flûte à bec	recorder
guitare	guitar
trompette	trumpet
trombone	trombone
contrebasse	double bass
grosse caisse	bass drum
batterie	drums

le musicien/la musicienne	musician
un orchestre	orchestra
le fanfare	band
le chef d'orchestre	conductor
le soliste	soloist
la voix	voice
interpréter	to perform (a piece)
chanter	to sing
juste	to sing in tune
faux	to sing out of tune
la chanson	song
un(e) chanteur (-euse)	singer
la chorale	choir (amateur)
le chœur	choir (professional)
un opéra	opera
une opérette	operetta
le ballet	ballet

I La radio et la télévision — Radio and television

à la radio	on the radio
un(e) auditeur (-trice)	listener

les grandes ondes	long wave
les ondes moyennes	medium wave
la modulation de fréquence	VHF
le téléviseur	television set
allumer	to switch on
regarder la télévision	to watch TV
à la télévision	on TV
le/la télé-spectateur (-trice)	viewer
la chaîne	channel
la télécommande	remote control
zapper	to switch channels
sur quelle chaîne?	on which channel?
la chaîne d'état	state channel
commerciale	commercial channel
câblée	cable channel
satellite	satellite channel
à péage }	subscriber channel (channel
cryptée }	needing decoder)
le décodeur	decoder
une antenne parabolique	satellite dish
un abonnement au câble	cable subscription
diffuser	to broadcast
en direct	live
en différé	a recording
TF1	French TV channel (private)
France 2	French TV channel (state-owned)
France 3 (FR3)	French regional TV channel (state-owned)
Canal plus	French TV channel (subscription)
M6	French TV channel (commercial)
Arte	French/German cultural TV channel
le programme	programme
une émission	broadcast
une émission sportive	sports programme
interactive	phone-in
scolaire	schools broadcast
culturelle	cultural programme
éducative	educational programme
les variétés *(f)*	variety show
le jeu télévisé	game show

le feuilleton	soap opera, serial
le dessin animé	cartoon
la reprise	repeat
le débat	debate
le documentaire	documentary
le télé-journal	news programme
les informations *(f)*	news
les informations régionales	local news
les actualités *(f)*	current affairs
le reporter	reporter
le/la speaker(ine)	news-reader
un(e) animateur (-trice)	presenter
célèbre	famous

À toi! 25

Quelles sont tes préférences?
Complete la fiche.

What are your preferences?
Fill in the form.

1 À la télé j'aime regarder ....

Je n'aime pas du tout ....

2 À la radio j'aime écouter..

Je n'aime pas du tout..

3 Mon passe-temps préféré c'est ....

D'habitude j'y consacre .... heures par semaine.

Ce passe-temps m'intéresse parce que...

4 Les opinions — Opinions

a En général — In general

une affirmation	statement
un avis	opinion
à mon avis	in my opinion

penser que	to think that...
croire	to believe
imaginer	to imagine
d'une part...	on the one hand...
d'autre part	on the other hand
ignorer	to be ignorant of
être sûr(e)	
certain(e)	to be certain
persuadé(e)	
convaincu(e)	
prouver	to prove
penser de	to think of
Qu'est-ce que tu penses de lui?	What do you think of him?
consentir à	to agree to

être d'accord	to be in agreement
avoir raison	to be right
avoir tort	to be wrong

b Ce qu'on aime — Likes

aimer *qqch*	to like something
aimer bien *qqch*	
préférer (je préfère)	to prefer
aimer mieux	to like better
aimer le mieux	to like best
adorer	to adore

plaire à *qqn*	to please someone
Ça te plaît?	Do you like it?
Ça me plaît (beaucoup)	I like it (very much)
Ça t'a plu?	Did you like/enjoy it?
Ça m'a plu	I liked/enjoyed it

pas mal	not bad
bon(ne)	good
meilleur	better
le (la) meilleur(e)	the best
excellent	excellent
super	terrific
(hyper)génial	(mega)brilliant
merveilleux (-euse)	marvellous
formidable	wonderful

extraordinaire	extraordinary
sensass!	sensational
magnifique	magnificent
superbe	superb
chouette	great
inoubliable	unforgettable
amusant(e) } **drôle** }	amusing
marrant(e)	funny
surprenant(e)	surprising
étonnant(e)	astonishing

c Ce qu'on n'aime pas **Dislikes**

critiquer	to criticise
détester	to detest
refuser de	to refuse to
pas terrible	not up to much
mauvais(e)	bad
pire	worse
le/la pire	the worst
horrible	horrible
affreux (-euse)	awful
épouvantable	frightful
abominable	appalling
débile	pathetic
nul(le)	useless
bête } **idiot(e)** }	stupid
décevant(e)	disappointing
désagréable	unpleasant
dégoûtant(e)	disgusting
répugnant(e)	revolting
ennuyeux (-euse)	boring
pénible	tedious
embêtant(e)	annoying
casse-pied	irritating
inquiétant(e)	worrying
gênant(e)	embarrassing
bizarre	odd
étrange	strange

Ça m'énerve	That gets on my nerves
J'ai horreur de ça	I can't stand that

Quelle horreur!	How dreadful!
J'en ai marre!	I'm fed up (with this)
J'en ai ras-le-bol!	I've had enough!
Ça alors!	Good heavens!
Zut!	Bother!
Mince!	Damn!

d L'indifférence   Indifference

Ça m'est égal	I don't mind
Ça n'a pas d'importance	It's not important
Ça ne fait rien	It doesn't matter
Je m'en fiche ⎫	I couldn't care less
Je m'en fous ⎭	
Bof!	Who cares?

5 *Les fêtes*   *Special occasions*

a Les jours fériés   Public holidays

la veille du jour de l'An	New Year's Eve
le jour de l'An	New Year's Day
Mardi gras	Shrove Tuesday
le mercredi des Cendres	Ash Wednesday
le vendredi saint	Good Friday
Pâques *(f)*	Easter
le premier mai	May Day
l'Ascension *(f)*	Ascension
la Pentecôte	Whitsun
la Fête nationale ⎫	Bastille Day (14 July) France's
le quatorze juillet ⎭	national celebration
la Toussaint	All Saints' Day, 1 November
la veille de Noël	Christmas Eve
Noël *(m)*	Christmas
le réveillon	late-night party on Christmas Eve or New Year's Eve
le jour de congé	day off
les feux *(m)* **d'artifice**	fireworks

le Nouvel An	New Year
Bonne Année!	Happy New Year!
Joyeuses Pâques!	Happy Easter!
Joyeux Noël!	Happy Christmas!

le chant de Noël	Christmas carol
aller à l'église	to go to church
aller à l'office	to go to a Church service
aller à la messe	to go to Mass
religieux (-euse)	religious

la Pâque des Juifs	Jewish Passover
Hanouka	Jewish Festival of Light, Hannouka
le Ramadan	Ramadan
Eïd-ul-Fitr	Festival of the Breaking of the Fast
Eïd-ul-Adha	Festival of Sacrifice

À toi! 26

Donne le nom de chacune des fêtes suivantes:

Give the name of each of the following festivals:

1   2   3   4

5   6   7

b Les autres fêtes   Celebrations

l'anniversaire (m)	birthday
Bon anniversaire! **Joyeux anniversaire!**	} Happy birthday!
Bonne fête!	Happy saint's day!
la première communion	confirmation and first communion
le mariage **les noces**	} wedding
l'anniversaire (m) de mariage	wedding anniversary

donner **offrir**	} to give
le cadeau	present
la carte	card
remercier	to thank
la surprise	surprise

célébrer	to celebrate
fêter qqch	to celebrate something
faire une fête	to have a celebration
faire la fête	to have a good time
féliciter	to congratulate
Félicitations!	Congratulations!
meilleurs vœux	best wishes
s'embrasser	to embrace each other
boire à la santé de *qqn*	to drink someone's health
trinquer	to clink glasses
Bonne chance!	Good luck!

6 *Les vacances* — *Holidays*

a En général — In general

les grandes vacances	summer holiday (from school)
les vacances d'été	summer holiday
d'hiver	winter holiday
de Noël	Christmas holiday
de Pâques	Easter holiday
le congé de demi-trimestre	half-term holiday
le congé annuel	annual holiday from work
le (la) vacancier (-ière)	holiday-maker
un(e) estivant(e)	summer holiday-maker
le/la touriste	tourist
une agence de voyage	travel agency
partir en vacances	to go on holiday
à l'étranger	to go abroad
la colonie de vacances	(children's) holiday camp
faire sa valise/ses bagages *(m)*	to pack
défaire sa valise/ses bagages	to unpack
le séjour	stay
faire un séjour	to (have a) stay
rester	to stay
l'hébergement *(m)*	accommodation
passer du temps	to spend time
une excursion	trip
visiter	to visit
rendre visite à	to visit (a person)
l'hospitalité *(f)*	hospitality
se détendre	to relax
la détente	relaxation

se reposer	to rest
le repos	rest
reposant	restful, relaxing

b En gîte — In a rented holiday home

le gîte	rented holiday home
louer	to rent
la location	renting
le loyer	rental charge
réserver à l'avance	to reserve in advance
confirmer la réservation	to confirm the reservation
le prix par jour/semaine	price per day/week
les arrhes *(f)*	deposit
la caution	deposit against damages
annuler	to cancel

c À l'hôtel — In a hotel

un hôtel	hotel
un hôtel (à) deux étoiles	2-star hotel
loger à l'hôtel	to stay in a hotel
coucher à l'hôtel	to sleep in a hotel
la réception	reception
le/la réceptionniste	receptionist
réserver	to reserve
au nom de...	in the name of...
la pension complète	full board
la demi-pension	half board
la chambre	bedroom
double	double room
pour une personne	room for one person
de famille	family room
libre	free
disponible	available
complet	full
avec grand lit	with double bed
deux lits	two beds
lit d'enfant	cot
bain	bath
douche	shower
cabinet de toilette	washroom
lavabo	washbasin
eau courante	running water
balcon	balcony

les WC *(m)*	toilet
WC à l'étage	toilet on the same floor
le parking	car park
un ascenseur	lift
la salle de télévision	TV lounge
la salle à manger	dining room
le dîner est servi à...	dinner is served at...
le minibar	minibar
la vue	view
donner sur	to look out onto
chiens non admis	no dogs
la pièce d'identité	ID
remplir une fiche	to fill in a form
signer	to sign
monter les bagages	to take the luggage upstairs
le prix	price
par personne	per person
le supplément	supplement
la haute saison	high season
la taxe de séjour	hotel tax
inclus	included
régler la chambre	to pay for the room
préparer la note	to get the bill ready
le reçu	receipt
une erreur	mistake
la fermeture annuelle	annual closure
hebdomadaire	weekly closure
faire une réclamation	to make a complaint
se plaindre	to complain
...ne marche pas	...doesn't work
...est en panne	...has broken down
il manque...	there is no...
Je voudrais réserver pour 5 nuits	I would like to book for 5 nights
à partir du 3 septembre	from 3 September
...du 3 mai au 20 mai	...from 3 May to 20 May
Le petit déjeuner est compris?	Is breakfast included?
Vous avec *qqch* **de moins cher?**	Have you anything cheaper?

Je vous prie d'agréer, ... ,
l'expression de mes
sentiments les meilleurs — Yours faithfully

d En auberge de jeunesse — At the youth hostel

une auberge de jeunesse	youth hostel
le père aubergiste ⎫ la mère aubergiste ⎭	warden
la carte d'adhérent	membership card
le dortoir	dormitory
louer des draps	to hire sheets
le prix de la location	hire charge

e Le camping — Camping

faire du camping	to go camping
le (terrain de) camping	camping site
le camping municipal	municipal site
le bureau d'accueil	reception office
le gardien/la gardienne	warden
surveiller	to supervise
le règlement	list of rules
interdit	forbidden
défense de...	... prohibited
obligatoire	compulsory
payer d'avance	to pay in advance

la caravane	caravan
un emplacement	pitch
à l'ombre	in the shade
l'aménagement (m)	facilities
bien aménagé	well equipped
le bloc sanitaire	shower and lavatory block
le bac à vaisselle	washing-up sink
la laverie	place to wash clothes
la prise de courant	electric point
l'eau (f) potable	drinking water
le bidon	plastic can
la poubelle	dustbin

le matériel de camping	camping equipment
la tente	tent
monter	to put up

démonter	to take down
le lit de camp	camp bed
le sac de couchage	
le duvet	sleeping bag
le matelas pneumatique	inflatable mattress
le sac à dos	rucksack
la lampe de poche	torch
la pile	battery
le camping gaz	camping gas
le réchaud	camping gas cooker
la cartouche	camping gas canister
la bouteille	gas cylinder
un ouvre-boîte(s)	tin-opener
un ouvre-bouteille(s)	bottle-opener

À toi! 27

Trouve un mot qui correspond à chaque définition. Si tu trouves tous les mots, leurs premières lettres te donneront deux mots que tu connais bien.

Find a word which corresponds to each definition. If you find the words, their first letters will give you two words which you know well.

Premier mot:

1　personne qui est en vacances =
2　ce qu'il faut faire si on ne veut plus la réservation =
3　il n'y a plus de place =
4　somme d'argent pour confirmer la réservation =
5　ce qu'il faut payer quand vous partez de l'hôtel =
6　paiement remboursé si on ne casse rien =
7　indication de la qualité de l'hébergement =
8　période de temps passée quelque part =

Deuxième mot:

9　contient du camping gaz =
10　réception　=
11　tout ce dont on a besoin pour faire du camping =
12　fait marcher la lampe electrique =
13　contre le règlement =
14　ce qu'on peut faire s'il y a une piscine =
15　celui qui est responsable du terrain =

f Au bord de la mer   At the seaside

la côte	coast
la plage	beach
la plage de sable *(m)*	sandy beach
de galets *(m)*	pebble beach
la baie	bay
le maillot de bain	bathing costume
la serviette	towel
une ombrelle	sun umbrella
les lunettes de soleil *(f)*	sunglasses
au soleil	in the sun
se faire bronzer	to sunbathe
bronzer	to tan
la crème solaire	suntan lotion
la chaise pliante	folding chair
la chilienne ⎫ la chaise longue ⎭	deckchair
le panier à pique-nique	picnic basket
le chateau de sable	sand castle
le seau	bucket
la pelle	spade
ramasser des coquillages	to collect shells
pêcher	to fish
la canne à pêche	fishing rod
pêcher la crevette	to go shrimping
le filet	net

la planche à voile	windsurfing (board)
le ski nautique	waterskiing
le bateau à rames	rowing boat
le bateau à voile	sailing boat
faire de la voile	to sail
le port de plaisance	marina
la jetée	jetty

se baigner	to bathe
nager	to swim
plonger	to dive
baignade interdite	bathing prohibited
baignade (non) surveillée	(un)supervised bathing
le surveillant de baignade	lifeguard
la ceinture de sauvetage	life belt
se noyer	to drown

la marée	tide
haute	high tide
basse	low tide
la vague	wave
le rocher	rock
la falaise	cliff
la mouette	seagull

g Les sports d'hiver — Winter sports

aller à la montagne	to go to the mountains
séjourner à la montagne / en montagne	to stay in the mountains
la station de ski	ski resort
louer le matériel	to hire the equipment
faire du ski	to go skiing
la remontée mécanique	ski-lift
la piste	ski-run
dangereux	dangerous
une avalanche	avalanche

À toi! 28

Combien de mots tirés de cette section (pages 82–8) peux-tu trouver ici? Il y en a plus de 20!

How many words taken from this section (pages 82–8) can you find here? There are more than 20!

W	M	A	I	L	L	O	T	B	S	K	I	R
P	O	N	T	L	P	S	E	A	U	R	N	D
L	G	A	R	D	I	E	N	L	P	J	T	O
A	B	G	E	U	L	K	T	L	O	U	E	R
G	P	E	G	V	E	W	E	E	T	P	R	T
E	R	R	L	E	R	E	C	H	A	U	D	O
F	I	L	E	T	C	O	T	E	B	X	I	I
N	X	B	R	O	N	Z	E	R	L	U	T	R
J	E	M	P	L	A	C	E	M	E	N	T	K

C: The world around us

1 La ville — The town

a La description — Description

un endroit	place
la région	region
le département	administrative region
la ville	town
industrielle	industrial town
touristique	town frequented by tourists
de province	provincial town
de marché	market town
le village	village

se trouver } être situé(e)	to be situated
dans le nord	in the north
le sud	south
l'est	east
l'ouest	west
au nord de	to the north of
au sud de	to the south of
à l'est de	to the east of
à l'ouest de	to the west of
dans le centre de	in the centre of
dans le Kent, etc	in Kent, etc
dans la région de Leeds	in the Leeds area
les environs (m)	surrounding area
la région agricole	agricultural area
pittoresque	picturesque
calme	quiet
paisible	peaceful
animé(e)	lively
il y a beaucoup de bruit	it's very noisy
entouré(e) de	surrounded by

la cité	old walled town/housing estate
une agglomération	built-up area
le quartier	district
résidentiel	residential district
commercial	business district

la zone **industrielle**	industrial district
un **arrondissement**	postal district of town
la (grande) **banlieue**	(outer) suburb
le **centre-ville**	town centre
la **vieille ville**	old town
le **trottoir**	pavement
le **pont**	bridge
le **fleuve**	river
la zone **piétonne**	pedestrian precinct
le **piéton**	pedestrian
un(e) **passant(e)**	passer-by
la **place**	square
une **allée**	lane, path
la **rue**	street
une **avenue**	avenue
le **boulevard**	boulevard, wide street
le **boulevard périphérique** de **ceinture**	ring-road
la **rocade**	by-pass

la **gare SNCF**	railway station
la **gare routière**	bus station
un **arrêt de bus**	bus stop

le **bâtiment**	building
ancien(ne)	old
historique	historic
typique	typical
moderne	modern
le **grand ensemble**	estate of flats
un (appartement) **HLM**	council flat
l'**immeuble** *(m)*	appartment building
un(e) **habitant(e)**	inhabitant

la **cathédrale**	cathedral
une **église**	church
la **tour**	tower
le **château**	chateau, country house
le **château fort**	castle
les **ramparts** *(m)*	ramparts, city walls
le **palais**	palace
le **monument**	historic building
le **musée**	museum

la galerie d'art	art gallery
la bibliothèque	library
l'hôtel *(m)* **de ville**	town hall (main town)
la mairie	mayor's office (small town)
la gendarmerie	(national) police station
le commissariat	(local) police station
la caserne des pompiers	fire station
le cimetière	cemetery
la banque	bank
le bureau de poste	post office

un espace	space
un espace vert	open space with trees, etc.
le parc	park
le jardin public	public garden
le banc	bench
le bassin	pond
la fontaine } **le jet d'eau**	fountain
la balançoire	swing
le jardin zoologique	zoo

le bureau	office
le centre commercial	shopping centre
le marché	market
les halles *(f)*	covered market
une usine	factory
un entrepôt	warehouse

le théâtre	theatre
le cinéma	cinema
la disco(thèque)	disco
la patinoire	ice rink
la piscine	swimming pool
le stade	stadium
le centre sportif	sports centre
le terrain de sports	sports ground
le complexe sportif	sports centre

b Les renseignements — Information

le syndicat d'initiative } **l'office** *(m)* **de tourisme**	tourist office
le bureau des renseignements	information office

se renseigner	to enquire
le renseignement	piece of information
les curiosités *(f)*	tourist sights
la documentation	printed information
la brochure	brochure
le dépliant	leaflet
une affiche	poster
le plan de la ville	town map
la liste des hôtels	list of hotels
la visite guidée	guided tour

À toi! 29

Confusion! Où se trouve quoi?
Fais correspondre les dessins
aux mots et écris des phrases.

Confusion! What goes where?
Match up the pictures with the
words and write sentences.

Exemple: *a = 8   La fontaine se trouve dans le jardin public.*

① *le syndicat d'initiative*
③ les halles
② la zone industrielle
⑥ **la galerie d'art**
⑨ le jardin zoologique
⑧ **le jardin public**
⑤ le cimetière
⑦ **le commissariat**
④ la bibliothèque

c On demande le chemin — Asking the way

la carte (routière)	(road) map
le plan de la ville	town plan
allez/passez par là	go this way
allez/passez par là-bas	that way
tourner	to turn
prendre la première	to take the first turning
à gauche	on the left
à droite	on the right
continuer	to continue
tout droit	straight on
jusqu'à	as far as
passer devant	to go past
monter	to go up
descendre	to go down
(juste) avant	(just) before
(juste) après	(just) after
là-bas	over there
devant	in front of
derrière	behind
à côté de	next to
autour de	around
en face de	opposite
au bout de	at the end of
au fond de	at the bottom/end of
d'un côté	on one side
de l'autre côté	on the other side
le long de	along
se tromper de chemin	to take the wrong road
se perdre	to get lost
être perdu(e)	to be lost

Où est...?	Where is...?
Où se trouve...?	
la gare la plus proche	the nearest station
C'est loin?	Is it far?
Dans quelle direction?	In which direction?
À quelle distance de?	How far from?
à cent kilomètres de	100 km from
à dix minutes	10 minutes away
assez loin de	quite a way from
pas loin de	not far from
(tout) près d'ici	(quite) near here

À toi! 30

Remplace chaque image par le bon mot.
N'oublie pas d'écrire 'le' ou 'la'.

Replace each picture with the right word.
Don't forget to write 'le' or 'la'.

Exemple: Où se trouve [SNCF] la gare la plus proche?

1 Où se trouve .... plus proche?

2 Où se trouve .... plus proche?

3 Où se trouve .... plus proche?

4 Où se trouve .... plus proche?

5 Où se trouve .... plus proche?

6 Où se trouve .... plus proche?

7 Où se trouve .... plus proche?

8 Où se trouve .... plus proche?

9 Où se trouve .... plus proche?

2 La campagne — The countryside

a La description — Description

à la campagne — in the country
le paysage — scenery

la nature	nature
un oiseau (-eaux)	bird
la bête	animal
le poisson	fish
la terre	earth
le fleuve	river (main)
la rivière	river (tributary)
le ruisseau	stream
le lac	lake
un étang	pond
la montagne	mountain
la colline	hill
le sommet	summit
la plaine	plain
la vallée	valley
le champ	field
la prairie le pré	meadow
l'herbe (f)	grass
la haie	hedge
le vignoble	vineyard
la vigne	vine
la forêt	forest
le bois	wood
l'arbre (m)	tree
le tronc	trunk
la branche	branch
la feuille	leaf
le chêne	oak
le pin	pine tree
le sapin	fir tree
le domaine	country estate
la ferme	farm
le verger	orchard
un arbre fruitier	fruit tree
le pommier	apple tree
le poirier	pear tree
le blé	corn
la paille	straw
le foin	hay

le fermier	farmer
le paysan	peasant, small-holder
le vigneron	wine-grower
la chasse	hunting
cultiver *qqch*	to grow something
le tracteur	tractor
la moisson	harvesting of crops
la récolte	what is harvested
la grange	barn
une écurie	stable
une étable	cowshed
le sentier	path
la caverne	cave
le moulin	mill
le moulin à vent	windmill

b Les Animaux et les insectes

Animals and insects

un animal	animal
le cheval, les chevaux	horse, horses
la jument	mare
le poney	pony
le bœuf	ox
le taureau (-eaux)	bull
la vache	cow
le veau (-eaux)	calf
le cochon	pig
la chèvre	goat
un âne	donkey
un agneau (-eaux)	lamb
le mouton	sheep
le coq	cock
la poule	hen
le canard	duck
une oie	goose
le lapin	rabbit
le lièvre	hare
un écureuil	squirrel
le hérisson	hedgehog
le renard	fox

le loup	wolf
le sanglier	wild boar
le serpent	snake
un escargot	snail
le ver de terre	earthworm
la grenouille	frog
la chauve-souris	bat
le singe	monkey
un éléphant	elephant
le lion	lion
le tigre	tiger
le chameau (-eaux)	camel
un ours	bear
la patte	foot (of animal)
la gueule	mouth (of animal)
le poil	hair (of animal)
la plume	feather
la queue	tail
une aile	wing
le bec	beak
le nid	nest
un insecte	insect
une abeille	bee
la guêpe	wasp
le papillon	butterfly
la mouche	fly
une araignée	spider
le moustique	mosquito

À toi! 31

Trouve les mots qui correspondent aux définitions suivantes. Les dix mots sont définis par ordre alphabétique.

Find the words which correspond to the following definitions. The ten words are defined in alphabetical order.

Exemple: *a un tronc et des branches = un arbre*

➡

A   indispensable pour voler =
B   sorte de céréale =
C   transport dans le désert =
D   grande propriété de terres =
E   plan d'eau =
F   cultivateur =
G   on en mange les cuisses =
H   bête qui se fait souvent écraser =
I   mouche, moustique, etc =
J   femelle du cheval =

Peux-tu compléter l'alphabet
des animaux? Utilise un
dictionnaire si tu en a besoin.

Can you complete the animal
alphabet? Use a dictionary to
help you if you want.

③ Le temps qu'il fait   The weather

a En général   General

Quel temps fait-il?	What is the weather like?
Il fait beau	It is fine
mauvais	bad
chaud	hot
froid	cold
du soleil	sunny
du brouillard	foggy

briller	to shine
le soleil brille	the sun is shining
une éclaircie	bright period
pleuvoir	to rain
il pleut	it is raining
il pleut à verse	it is pouring
la pluie	rain
tomber	to fall
une averse	shower
un orage éclate	a storm breaks
la tempête	storm, gale
la foudre	lightning
un éclair	flash of lightning
le tonnerre	thunder
le brouillard	fog
la brume	mist
neiger	to snow
la neige	snow
geler (il gèle)	to freeze

98   QUATRE-VINGT-DIX-HUIT

la glace	ice
le verglas	ice on the road
la grêle	hail
fondre (la neige fond)	to melt

la prévision météorologique }	weather forecast
la météo }	
la météo marine	shipping forecast
la dépression	low pressure area
la zone de hautes pressions	high pressure area
le changement	change
une aggravation	deterioration
une amélioration	improvement
les brumes matinales	morning mist
se dissiper	to clear

le climat est doux	the climate is mild
sec	dry
froid	cold
humide	wet

la chaleur	heat
le froid	cold
intense	intense
l'humidité (f)	humidity
la visibilité	visibility

le ciel	sky
bleu	blue
dégagé	clear
le nuage	cloud
sans nuages	cloudless
menaçant	threatening
la lune	moon
une étoile	star
le lever du soleil	sunrise
le coucher du soleil	sunset
il fait jour	it's daylight
il fait nuit	it's dark
il fait sombre	it's murky

le vent	wind
souffler	to blow
fort	strong

faible	light
variable	variable
modéré	moderate

le degré	degree
la température est élevée	the temperature is high
normale	normal
moyenne	average
basse	low
de saison	seasonal
estivale	summery
en (légère) baisse	falling (slightly)
en (légère) hausse	rising (slightly)

il fait un temps ensoleillé	the weather is sunny
agréable	pleasant
pluvieux	rainy
nuageux	cloudy
couvert	overcast
brumeux	misty
lourd	oppressive
orageux	stormy
frais	cool
stable	settled
instable	unsettled

b Les désastres — Disasters

la sécheresse	drought
un incendie (de forêt)	(forest) fire
le feu	fire (general)
des pluies diluviennes (f)	torrential rain
une inondation	flood
le raz-de-marée	tidal wave
le tremblement de terre	earthquake
un ouragan	hurricane
la tornade	tornado

4 L'environnement — The environment

les ressources (f)	resources
épuiser	to exhaust
la centrale nucléaire	nuclear power station

les déchets radioactifs	radioactive waste
les pluies acides	acid rain
les polluants *(m)*	pollutants
les rejets polluants	pollutant waste
les engrais (m) chimiques	chemical fertilisers
les pesticides *(m)*	pesticides
le déboisement	deforestation
les dégâts écologiques	ecological damage
la dégradation de l'eau	water pollution
la dégradation des sols	soil pollution
la pollution atmosphérique	air pollution
l'effet *(m)* de serre	greenhouse effect

prévoir les conséquences	to foresee the consequences
protéger	to protect
limiter les dégâts	to limit the damage
traiter les déchets	to treat the waste
recycler les détritus	to recycle rubbish

5 Le crime — Crime

a Le vol — Theft

commettre un crime	to commit a crime
le malfaiteur	criminal
l'escroc *(m)*	crook
le complice	accomplice
voler	to steal
le voleur	thief
au voleur!	stop thief!
le vol à la tire	pickpocketing
à l'étalage	shoplifting
à l'arraché	bag snatching
dévaliser *qqn*	to rob someone
arracher *qqch* à *qqn*	to snatch something from someone
agresser	to mug
en plein jour	in broad daylight
une agression à main armée	armed robbery
menacer	to threaten
la cagoule	balaclava
cagoulé(e)	masked
le vol avec effraction	break-in and robbery

le cambriolage	burglary
le cambrioleur	burglar
s'enfuir	to run off

b La délinquance — Delinquency

faire l'école buissonnière	to play truant
la bande de voyous	group of yobs
dégrader un bâtiment	to damage a building
saccager	to ransack
la bagarre	brawl
s'enivrer	to get drunk
le désœuvrement	having nothing to do
par désœuvrement	for want of anything to do
la frustration	frustration
l'ennui *(m)*	boredom
être sans avenir	to have no future

c Les crimes violents — Violent crime

le revolver	hand-gun
tirer sur	to shoot at
blesser	to wound
tuer à coups de couteau	to stab to death
tuer	to kill
le tueur	killer
le meurtre	murder
violer	to rape
le viol	rape
enlever	to kidnap
un enlèvement	kidnapping

d Les forces de l'ordre — The forces of law & order

la police municipale	local town police
la police judiciaire	detective force
la gendarmerie nationale	paramilitary police
les CRS	riot police
un agent de police	policeman
le motard	motorcycle cop
le détective en civil	plain-clothes detective
la voiture de police banalisée	unmarked police car
patrouiller	to patrol
porter une arme à feu	to be armed

mener une enquête	to carry out an enquiry
les empreintes digitales	finger prints
un indice	clue
le portrait-robot	identikit/photofit picture
soupçonner	to suspect
le mandat d'arrêt	arrest warrant
une arrestation	arrest
être inculpé(e) de	to be charged with
le témoin	witness
la récompense	reward
la déposition	statement

le tribunal d'instance	magistrate's court
une amende	fine
le tribunal correctionnel	criminal court
le juge	judge
le jury	jury
le jugement	verdict
(non) coupable	(not) guilty
infliger une peine	to impose a sentence
enfermer	to shut away
être condamné(e) à	to be sentenced to
la prison	prison
pardonner	to pardon
ordonner à *qqn* de faire *qqch*	to order someone to do something

À toi! 32

Tu as été le témoin d'un crime. Donne la description physique des malfaiteurs à la police!

You have witnessed a crime. Give a physical description of the crooks to the police!

6 Faire des achats Going shopping

a Dépenser l'argent de poche

Spending pocket money

Je dépense mon argent en	I spend my money on
vêtements	clothes
disques	records
vidéos	videos
spectacles	going to shows
sorties	going out
activités sportives	sport
produits de beauté	make-up, etc
bouquins	books
bonbons	sweets
voyages	travelling
magazines	magazines

b Les magasins Shops

faire des courses	to go shopping
le magasin	shop
le grand magasin	department store
le centre commercial	shopping mall
le supermarché	supermarket
la grande surface	hypermarket
le caddie	shopping trolley
le rayon	department
la boutique	small shop
le libre service	self-service

je vais à...	I go to the...
la boulangerie	bakery
la pâtisserie	cake shop
la boucherie	butcher's shop
la boucherie chevaline	horse butcher's shop
la charcuterie	pork butcher's shop
l'épicerie (f)	grocer's shop
la crémerie	dairy
la poissonnerie	fish shop
la confiserie	sweet shop
l'alimentation générale	food store
la maison de la presse	paper shop

la papeterie	stationer's
la pharmacie	chemist's shop
la parfumerie	perfumery/ perfume shop
la droguerie	shop for cleaning/ decorating materials
la librairie	book shop
la quincaillerie	ironmonger's shop
la bijouterie	jeweller's shop
la blanchisserie	laundry

je vais au (bureau de) tabac	I go to the tobacconist's
au magasin de jouets	toy shop
au magasin de chaussures	shoe shop
au magasin de souvenirs	souvenir shop
au magasin de sports	sports shop
au kiosque à journaux	newspaper kiosk
au pressing	dry cleaner's

je vais chez...	I go to the...
le boulanger	baker's
le boucher	butcher's
le charcutier	pork butcher's
le traiteur	delicatessen
l'épicier	grocer's
le (marchand de) primeur(s)	greengrocer's
le marchand de journaux	newsagent's
le pharmacien	chemist's

heures d'ouverture	opening times
ouvert	open
ouvert sans interruption	open all day
entre ... et ...	between ... and ...
jusqu'à quatre heures	until 4 o'clock
fermeture hebdomadaire	weekly closing day
fermé le...	closed on...
'entrée libre'	free to look around
le/la commerçant(e)	shopkeeper
vendre	to sell
en vente ici	sold here
le vendeur la vendeuse	shop assistant
le produit	product

le prix	price
servir	to serve
montrer	to show
la vitrine	shop window
en vitrine	in the window

À toi! 33

Donne le nom du magasin où l'on peut trouver chacun de ces produits:

Give the name of the shop where you can find each of these products:

c Faire les courses

Doing the shopping

faire des achats	to do some shopping
acheter des provisions	to shop for food
faire son marché	to go to the market
faire du lèche-vitrines	to go window-shopping
le/la client(e)	customer
je voudrais	I would like
avoir besoin de	to need
chercher	to look for
essayer	to try out
le choix	choice
choisir (je choisis)	to choose
C'est combien?	
Ça coûte combien? }	How much is this?
Ça vaut combien?	
le prix	price
élevé	high price
modéré	reasonable price
bas	low price
la TVA (taxe à la valeur ajoutée)	VAT
(à) bon marché	cheap

en solde	in the sale
le rabais	reduction, discount
en promotion ⎫	special offer
offre spéciale ⎭	
le lot	bargain pack ('multibuy')
gratuit	free
dépenser	to spend (money)
acheter	to buy
payer	to pay
le porte-monnaie	purse
le portefeuille	wallet

On s'occupe de vous?	Are you being attended to?
Vous désirez?	What can I get you?
Je peux vous aider?	Can I help you?
Vous cherchez quelque chose?	Are you looking for something?
Ça vous va?	Does that suit you?
Je vous fais un prix	I'll give you a good price
Ça va comme ça?	Is it OK like that?
C'est pour offrir?	Is it a present?
Je vous fais un paquet-cadeau	I'll gift-wrap it
Et avec ceci/ça?	Anything else?
C'est tout?	Is that everything?
Merci beaucoup	Thank you very much
De rien	You're welcome

faire une réclamation	to make a complaint
échanger	to exchange
rembourser	to reimburse
se faire rembourser	to get one's money back
Combien tu l'as payé(e)?	How much did you pay for it?
Je l'ai payé(e) trois cents francs	I paid 300 francs for it

À toi! 34

Monsieur et Madame Tasset vont faire des courses. Voici un dialogue, mais les réponses ne sont pas dans l'ordre. Mets la bonne lettre avec le bon chiffre pour pouvoir lire la conversation correctement.	*Mr and Mrs Tasset are going shopping. Here is a conversation, but the replies are not in the right order. Put the right letter with the right number so as to be able to read the conversation correctly.*

➡️

1 Je n'ai plus d'ail.
2 Marc adore les fruits de mer.
3 On a besoin d'une tarte aux pommes.
4 Je n'ai plus d'argent.
5 Il reste très peu d'essence.
6 Tu vas acheter des plats cuisinés?
7 Le chien a mangé le gigot.
8 Je crois qu'il faut prendre de la lessive.
9 Il me faut une entrée pour des végétariens.
10 Tu as des cachets d'aspirine?

a Oui, j'en prendrai chez le traiteur.
b Il suffit de prendre des crudités.
c Tant pis, on achètera autre chose.
d Il faut passer chez le poissonnier.
e J'espère que la droguerie est ouverte.
f Non, j'en prendrai à la pharmacie.
g N'oublie pas d'aller à la pâtisserie.
h Je ferai le plein en ville.
i Je peux t'en prêter si tu veux.
j Le marchand de primeurs en aura certainement

d Les quantités — Quantities

le litre	litre
la bouteille	bottle
bouteille consignée	deposit on bottle
le kilo	kilo
le demi-kilo / cinq cents grammes	half a kilo (500 grammes)
une livre / une douzaine	dozen
entier (-ière)	whole
la moitié	half (of something)
le morceau	piece
la tranche	slice
la rondelle	slice (round shaped)
peser	to weigh
le poids	weight
dix-sept francs le kilo	17 francs a kilo
dix francs les cent grammes	10 francs for 100g

quinze francs la pièce	15 francs each
le paquet	packet
la boîte	tin
en boîte	tinned
les conserves	tinned food
le pot	jar/pot
la tablette de chocolat	bar of chocolate

e Les vêtements / Clothes

le vêtement	article of clothing
prêt-à-porter	ready to wear
sur mesure	made to measure
le manteau } le pardessus }	overcoat
le manteau de fourrure	fur coat
l'imperméable (m)	raincoat
l'anorak (m)	anorak
le blouson	blouson
le coupe-vent	wind-cheater
le jogging } le survêtement }	tracksuit
le tailleur	suit (ladies)
le costume	suit (gents)
la veste } le veston }	jacket
le pantalon	pair of trousers
le jean	pair of jeans
le short	pair of shorts
la fermeture éclair	zip
la jupe	skirt
la robe	dress
le chemisier	blouse
la chemise	shirt
le polo	leisure shirt
le sweat	sweatshirt
le tee-shirt	tee-shirt
le pull	pullover
le gilet	cardigan
le col	collar
la manche	sleeve
en bras de chemise	in shirtsleeves

la ceinture	belt
le chapeau	hat
la casquette	cap
le béret	beret
une écharpe	scarf (e.g. woollen)
le foulard	scarf (e.g. silk)
le gant	glove
la cravate	tie
le mouchoir	handkerchief

le collant	tights
les chaussettes *(f)*	socks
le soutien-gorge	bra
le slip	briefs
le caleçon	underpants
le tricot de corps	vest
le pyjama	pyjamas
la chemise de nuit	night dress
la robe de chambre	dressing gown

à carreaux	checked	
à pois	spotted	
rayé	striped	
le tissu	fabric	
en coton *(m)*	made of cotton	
laine *(f)*		wool
toile *(f)*		linen
nylon *(m)*		nylon
cuir *(m)*		leather
daim *(m)*		suede
soie *(f)*		silk
dentelle *(f)*		lace
chic	stylish	
à la mode	trendy	
vêtu(e) (d'une jupe)	dressed (in a skirt)	
démodé(e)	out of fashion	

la (bonne) taille	(right) size
essayer	to try on
la cabine d'essayage	fitting room
mettre	to put on
enlever ôter }	to take off

trop long	too long
court(e)	short
serré(e)	tight
étroit(e)	narrow
large	wide
cher (-ère)	expensive

de quelle couleur?	what colour?

For colours to describe clothes, see page 145.

le soulier } **la chaussure**	shoe
la paire de chaussures	pair of shoes
la pointure	shoe size
les bottes *(f)*	boots
les chaussures de sport } **les baskets**	trainers
les sandales	sandals
le talon	heel
les talons aiguilles	stiletto heels
le lacet	lace
les pantoufles *(f)*	slippers

le bijou (-oux)	jewel
le collier	necklace
le collier de perles	pearl necklace
le bracelet	bracelet
la montre	watch
la bague	ring
une alliance	wedding ring
les boucles *(f)* **d'oreille**	earings
en or	gold
en argent	silver
le diamant	diamond

le parfum	perfume
le maquillage	makeup
le rouge à lèvres	lipstick

la canne	walking stick
le parapluie	umbrella

À toi! 35

On peut trouver des mots qui commencent par toutes les lettres de l'alphabet jusqu'à V. Voici les définitions – à toi de trouver les bons mots de cette section (pages 104–11).

You can find words which begin with all letters of the alphabet up to V. Here are the definitions – it's up to you to find the right words from this section (pages 104–11).

A vêtement qui protège contre le mauvais temps
B récipient dans lequel un produit se conserve
C vêtement décoratif pour hommes
D qui n'est plus à la mode
E ôter
F se porte autour du cou
G protègent les mains
H partie(s) de la journée où vous pouvez entrer
I vêtement à porter quand il pleut
J vêtement pour femmes
K quantité ou poids
L tissu
M partie d'un veston
N couleur sombre
O métal précieux
P collier de ...
Q magasin
R section d'un grand magasin
S vente à prix réduits
T partie d'une chaussure
U sert à quelque chose
V endroit où l'on expose les marchandises aux passants

f À la banque — At the bank

le franc	franc
le centime	centime
la livre (sterling)	pound
l'argent *(m)*	money
la monnaie	small change
le billet de banque	banknote
le billet de cent francs	100 franc note
la pièce	coin
la pièce de dix francs	10 franc coin
le distributeur automatique	cash point
la caisse d'épargne	savings bank
la BNP (Banque Nationale de Paris)	a major French bank
le guichet	counter, 'position'
guichet fermé	position closed

faire la queue	to queue up
le chèque	cheque
le carnet de chèques	cheque-book
toucher un chèque	to cash a cheque
la caisse	cash desk
la carte bancaire	cheque card
la carte de crédit	credit card
le distributeur automatique	cash machine
en espèces } en liquide }	in cash

le bureau de change	exchange office
changer de l'argent	to change money
le cours du change	exchange rate
le chèque de voyage	traveller's cheque
la devise	currency
la devise étrangère	foreign currency
la commission	commission

Vous avez la monnaie de 500 francs?	Have you change for 500 francs?
Combien vaut la livre?	What is the pound worth?
Quel est le cours du change?	What is the exchange rate?
Vous avez une pièce d'identité?	Do you have any ID?
Passez à la caisse, s'il vous plaît	Go to the cashier's desk please

g À la poste — **At the post office**

les P et T (Postes et Télécommunications)	the French post office
la lettre	letter
la carte postale	postcard
une enveloppe	envelope
une adresse	address
le code postal	postcode
envoyer	to send
le timbre (à un franc)	(one franc) stamp
le tarif normal	first class rate
le tarif réduit	second class rate
la boîte aux lettres	letter box
la levée	collection
la prochaine levée	next collection
la dernière levée	last collection

le guichet	counter
le colis	parcel
le paquet	small package
un imprimé	printed matter
le courrier	mail
la lettre recommandée	registered letter
le mandat	postal order
un(e) expéditeur (-trice)	sender
le formulaire	form
remplir	to fill in
par avion	air mail

le/la facteur (-trice)	postman/woman
distribuer le courrier	to deliver mail
la distribution	delivery
faire suivre	to forward
réexpédier	to forward/return

h Les téléphones publics — Public telephones

la cabine téléphonique	phone box
la télécarte	phone card
un annuaire	directory
un abonné	subscriber
introduire des pièces	to insert coins
appeler en PCV	to reverse the charges

For more telephone vocabulary see pages 66–7 and page 133.

7 Les voyages et les moyens de transport — Travel and transport

a Les voyages en général — Journeys in general

voyager	to travel
le voyage	journey
le voyageur	traveller
partir	to leave
le départ	departure
arriver	to arrive
l'arrivée (f)	arrival
revenir	to come back
s'arrêter	to stop

en route	on the way
les bagages *(m)*	luggage
la valise	suitcase
le sac	bag
le passeport	passport
la douane	customs
le contrôle	check
hors taxe	duty free

le retour	return
la distance	distance
le trajet	journey
le mètre	metre
le kilomètre	kilometer
Bon voyage!	Have a good journey!
être pressé(e)	to be in a hurry
s'approcher de	to approach
s'éloigner de	to move away from
croiser	to pass (opposite directions)
passer devant	to pass in front of
traverser	to cross

les transports en commun	public transport
prendre le train	to take the train
prendre l'avion	to take the plane
prendre le bus/car	to take the bus
prendre le bateau	to take the boat
manquer le train	to miss the train
aller en train	to go by train
en bus/car	bus
en avion	plane
en bateau	boat
en voiture	car
en vélo *(m)* en bicyclette *(f)* }	bike
en moto *(f)*	motorbike
en vélomoteur *(m)* en mobylette *(f)* }	moped

 For ways to describe the advantages and disadvantages of types of transport, see pages 125–6.

b Les véhicules   Vehicles

le camion	lorry
le poids lourd	heavy goods vehicle
la camionnette	van
la voiture ⎱ une auto ⎰	car
la moto(cyclette)	motorbike
le casque	crash helmet
la marque	make of car
le moteur	engine
la portière	door
le coffre	boot
le capot	bonnet
le/la conducteur (-trice) ⎱ l'automobiliste ⎰	driver
mettre le moteur en marche	to start the engine
le démarreur	starter
couper le moteur	to switch off
le frein	brake
le frein à main	hand-brake
le parebrise	windscreen
l'essuie-glaces (m)	windscreen wiper
la glace	window
baisser	to lower
lever	to raise
le volant	steering wheel
le rétroviseur	mirror
la ceinture de sécurité	seat belt
le siège	seat
avant	front seat
arrière	back seat
le klaxon	horn
klaxonner	to sound the horn
les phares	headlights
allumer	to switch on
éteindre	to switch off
les feux de route	headlights
les pleins phares	main beam
se mettre en code	to dip one's headlights
les lanternes (f)	sidelights
le réservoir	petrol tank
le bidon de réserve	spare can

la roue	wheel
le pneu	tyre
le pare-choc	bumper
le numéro d'immatriculation	registration number
la plaque minéralogique	number plate

c À la station service — At the service station

le garage	garage
la station-service	service station
le poste d'essence	filling station
le carburant	fuel
l'essence *(f)*	petrol
le super	four star
sans plomb	unleaded
le gasoil/gazole	diesel (for lorries)
le gasoil/diésel	diesel (for cars)
faire le plein	to fill up
vérifier	to check
gonfler les pneus	to pump up the tyres
le niveau	level
l'huile *(f)*	oil
le radiateur	radiator
la batterie	battery
la bougie	spark plug

d En panne — Breakdown

tomber en panne	to break down
tomber en panne d'essence	to run out of petrol
surchauffé(e)	overheated
la crevaison	puncture
le pneu crevé	burst tyre
la roue de secours	spare wheel
le cric	jack
le/la mécanicien(ne)	mechanic
la réparation	repair
réparer	to repair
dépanner	to get going again
remorquer	to tow
la dépanneuse	tow-truck
faire réviser	to get serviced
le lavage	car washing
la vidange	oil change
la boîte de vitesse	gear box

e Sur la route — On the road

apprendre à conduire	to learn to drive
l'auto-école *(f)*	driving school
le/la moniteur (-trice)	instructor
A(pprenant)	L(earner)
le code de la route	highway code
passer l'examen *(m)* du permis	to take the driving test

conduire	to drive
rouler	to move along
la vitesse	speed
à 60 à l'heure	at 60 km an hour
faire du 100 à l'heure	to go at 100 km an hour
avancer	to move forward
reculer	to move back
faire marche arrière	to reverse
changer de vitesse	to change gear
accélérer	to accelerate
ralentir	to slow down
céder	to give way
dépasser / doubler	to overtake

l'autoroute *(f)*/A	motorway
le péage	toll (booth)
un échangeur	motorway junction
la sortie	exit
la route nationale/N	main road
la route départementale/D	B road
large	wide
étroit	narrow
la route à trois voies	three-lane road
la file	traffic lane
l'accotement *(m)*	hard shoulder
la chaussée	road surface
chaussée déformée	uneven surface
une aire de stationnement	lay-by
une aire de service	service area

le coin	corner
le virage	bend
dans le virage	on the bend
le carrefour	crossroads

le rond-point	roundabout
les feux	traffic lights
le feu rouge	red light
le passage à niveau	level crossing
le passage pour piétons cloûté }	pedestrian crossing
le trottoir	pavement

le panneau	road sign
la déviation	diversion
route barrée	road closed
les travaux *(m)*	road works
les gravillons *(m)*	loose chippings
sens interdit	no entry
à sens unique	one way
toutes directions	through traffic

la circulation	traffic
fluide	free-flowing
le bouchon	traffic jam
un embouteillage	traffic jam (in town)
rouler en accordéon	to crawl along in a queue
l'heure *(f)* de pointe d'affluence }	rush hour
éviter	to avoid
un itinéraire recommandé	recommended route
bison futé	symbol for less congested routes
se garer	to park
stationner	to park
garer la voiture	to park the car
le parking	car park
le parc-mètre	parking meter
le/la contractuel(le)	traffic warden

déraper	to skid
heurter	to crash into
entrer en collision avec	to collide with
un accrochage	collision
renverser	to knock down
écraser	to run over
le témoin	witness
dépasser la limitation de vitesse	to exceed the speed limit
se garer en double file	to double park
défense de stationner	no parking

stationnement gênant	parking causes obstruction
la ligne blanche	central white line
franchir	to cross
être en infraction	to be breaking the law
être frappé(e) d'une contravention	to be 'booked'
le procès-verbal	report (by policeman)
dresser un procès-verbal à *qqn*	to report someone
une amende	fine
faire un constat	to make a statement
le permis de conduire	driving licence
l'assurance *(f)*	insurance
la vignette	tax disc

emmener qqn en voiture	to give someone a lift
déposer *qqn*	to drop someone off
un auto-stoppeur (-euse)	hitch-hiker
faire du stop / **de l'auto-stop**	to hitch-hike

À toi! 36

Explique en français le sens de ces panneaux.

Explain what these signs mean in French.

 1
 2
 3
 4
 5

 6
 7
 8
 9
 10

f On prend le bus

Going by bus

un (auto)bus	bus
un (auto)car	coach
la gare routière	bus/coach station
un arrêt de bus	bus stop
obligatoire	compulsory

un arrêt facultatif	request stop
le chauffeur	driver
le taxi	taxi
la station de taxis	taxi rank
le prix de la course	fare

g On prend le métro

Going by underground

la station de métro	metro station
le métro	metro, tube
le RER (Réseau Express Régional)	Paris regional railway service
la rame de métro	tube train
le tarif unique	flat fare
le carnet de tickets	10 tickets
le ticket (à l'unité)	(individual) ticket
la direction	tube train destination
la ligne	line

h On prend le train

Going by train

la SNCF (Société Nationale des Chemins de Fer français)	French Railways
la gare SNCF	railway station
le chemin de fer	railway
la voie	track
le TGV (train à grande vitesse)	high-speed train
le rapide	express train
un express	semi-fast train
un autorail	old diesel train
la navette	shuttle service
le guichet	ticket office
le billet	ticket
un aller simple	single ticket
un aller-retour	return ticket
en première classe	first class
en deuxième classe	second class
le bureau de réservations	reservation desk
la fiche horaire	timetable leaflet
le prochain train	next train
le premier train	first train
le dernier train	last train
l'horaire (m)	timetable
l'indicateur (m) le panneau des départs }	departure board

l'heure *(f)* de départ	departure time
d'arrivée	arrival time
réserver une place	to reserve a seat
le coin fenêtre	window seat
le couloir	aisle
le compartiment fumeurs	smoking carriage
non-fumeurs	non-smoking carriage
le supplément	supplement
en période rouge	at a peak time
la réduction	reduction
le train direct	through train
le changement	change
changer de train	to change trains
la correspondance	connection
le wagon-lit	night sleeper
la couchette	couchette
la voiture-restaurant	restaurant car

sans arrêt jusqu'à...	fast to...
dessert toutes les gares jusqu'à...	stops at all stations to...
circule les vendredis	runs on Fridays
ne circule pas les dimanches et fêtes	no service on Sundays or public holidays

la consigne	left-luggage office
la consigne automatique	left-luggage locker
enregistrer les bagages	to register luggage
le chariot (à bagages)	luggage trolley
le bureau des objets trouvés	lost property office
la salle d'attente	waiting room
le buffet de la gare	station restaurant
les sandwichs à emporter	sandwiches to take away
un appareil de compostage	ticket validating machine
composter le billet	to validate the ticket
valable	valid

le haut-parleur	loud speaker
annoncer par haut-parleur	to announce by loud-speaker
en provenance de	coming from
à destination de	going to
en retard	late
un retard de 20 minutes	20 minute delay

le (bon) quai	(right) platform
le train entre en gare	the train comes in
monter dans	to board
la portière (automatique)	(automatic) door
le compartiment	compartment
la banquette	bench seat
la place	seat
la place libre	free seat
occupée	occupied seat
réservée	reserved seat
le porte-bagages **le filet à bagages** }	luggage rack
la sonnette d'alarme	emergency alarm
contrôler un billet	to check/inspect a ticket
le/la contrôleur (-euse)	ticket inspector
montrer	to show
perdre	to lose
une amende	fine
descendre de	to get off

À toi! 37

Pour trouver les trois mots qui expriment le sujet de cette section (pages 121–3), trouve la première lettre de chaque mot défini ici.	To find the three words which express the subject of this section (pages 121–3), find the first letter of each word defined here.

1 on peut y laisser les bagages =
2 utilisé pour parler aux voyageurs =
3 train qui s'arrête assez souvent, malgré son nom =
4 train souvent souterrain =
5 panneau qui donne les détails des départs =
6 petit trajet aller-retour avec service fréquent =
7 but de votre voyage =
8 au moment des grands départs =
9 au-dessus de votre place, pour vos bagages =
10 qui arrive de =
11 inconvénient qui arrive moins souvent en France =

i On prend l'avion | Going by plane

en avion	by plane
une aérogare	air terminal
un aéroport	airport
la compagnie aérienne	airline
le vol	flight
se présenter à l'enregistrement	to check in
le contrôle de sécurité	security check
la salle d'embarquement	departure lounge
la porte d'embarquement	departure gate

un avion	plane
le pilote	pilote
le commandant de bord	captain
un équipage	crew
une hôtesse	stewardess
le steward	steward
le coffre à bagages	overhead luggage locker
les consignes (f) de sécurité	safety instructions
attacher les ceintures	to fasten seatbelts
décoller	to take off
le décollage	take-off
survoler Rome	to fly over Rome
faire escale à	to stop over in
atterrir	to land
un atterrissage	landing
le débarquement	disembarcation

le mal de l'air	air sickness
le pirate de l'air	hijacker
un otage	hostage
détourner un avion	to hijack a plane
faire sauter un avion	to blow up a plane
s'écraser	to crash

À toi! 38

Combien de mots tirés de cette section (pages 114–24) peux-tu trouver ici? Il y en a une vingtaine.

How many words taken from this section (pages 114–24) can you find here? There are about 20. ➡

C	F	R	A	N	C	H	I	R	L
A	R	A	P	I	D	E	O	P	H
R	E	F	H	V	O	L	A	N	T
N	I	I	A	E	U	A	V	E	A
E	N	L	R	A	A	V	E	U	R
T	S	E	E	U	N	I	L	E	I
V	A	L	I	S	E	O	O	T	F
J	C	A	M	I	O	N	Q	T	X
T	G	V	B	I	L	L	E	T	S

j On traverse la Manche — Crossing the Channel

passer par le tunnel	to go through the tunnel
prendre le bateau	to take the boat
le ferry	ferry
l'aéroglisseur *(m)*	hovercraft

le port	port
l'hoverport *(m)*	hoverport
l'embarquement *(m)*	embarcation
la passerelle	gangway
la traversée	crossing
le pont	deck
le marin ⎫ le matelot ⎭	sailor
le canot de sauvetage	lifeboat
le mal de mer	sea-sickness
la mer est belle	the sea is calm
la mer est agitée	rough
avoir le pied marin	to be a good sailor
le débarquement	disembarcation

k Les avantages et les inconvénients — Advantages and disadvantages

(plus) rapide	fast(er)
vite ⎫ rapidement ⎭	quickly
commode	convenient
pratique	practical

le repas gratuit	free meal
la possibilité de dormir	the chance to sleep
lire	read
ça coûte moins cher	it is cheaper
on se sent en sécurité	one feels safe
partir quand on veut	to leave when one likes
s'arrêter quand on veut	to stop when one likes
reposant(e)	relaxing
confortable	comfortable
spacieux (-ieuse)	spacious
assis(e)	seated
debout	standing
on a de la place	one has plenty of room

(plus) lent	slow(er)
lentement	slowly
loin du centre	a long way from the centre
porter des bagages	to carry luggage
la grève	strike
le retard	delay
c'est très long	it takes ages
pénible	tedious
le mauvais temps	bad weather
ça me rend malade	it makes me ill
on mange mal	the food is bad
la réservation est obligatoire	reservation is compulsory
stressant(e)	stressful
fatigant(e)	tiring
dangereux (-euse)	dangerous
le décalage horaire	time difference
être serrés comme des sardines	to be squashed together
le bouchon	traffic jam
rester coincé(e)	to get stuck

À toi! 39

Donne ton avis sur ces différents moyens de transport.

Give your opinion of each of these forms of transport.

Exemple: *La voiture est rapide, mais elle peut être dangereuse.*

D: The world of work

a Les petits travaux   Casual work

distribuer/livrer des journaux	to deliver papers
travailler comme...	to work...
employé(e) de bureau	in an office
vendeur (-euse)	in a shop
caissier (-ière)	as a cashier
plongeur (-euse)	washer-up
réceptionniste	receptionist
au pair	au pair
jardinier	gardener
pompiste	petrol-pump attendant
serveur (-euse)	waiter/waitress

cueillir des fruits *(m)*	to do fruit-picking
faire les vendanges *(f)*	to do grape-picking
du babysitting	babysitting

b Quand je quitterai l'école...   When I leave school...

être reçu(e) au bac	to pass one's A Levels
si je suis reçu(e)	if I pass
faire des études supérieures	go into higher education
poursuivre ses études	to carry on studying
aller à l'université } en faculté	to go to university
la faculté des lettres	arts faculty
des sciences	science faculty
de médecine	medical faculty
de droit	law faculty

faire des études littéraires	to study literature
scientifiques	sciences
médicales	medicine
de commerce	business studies
faire sciences-po	to study economics and politics
le diplôme	qualification
la licence	first degree (e.g. BA)
la recherche	research

le stage	training period/course
le stage de formation	training course
les cours (m) du soir	evening classes
un(e) apprenti(e)	apprentice
un apprentissage	apprenticeship
obtenir une bourse	to get a grant

faire des projets	to make plans
s'informer de	to find about
avoir l'intention de	to intend to
espérer	to hope to
l'avenir *(m)* } **le futur**	future
à l'avenir } **dans le futur**	in the future
s'orienter vers	to be moving towards
être attiré(e) par	to be attracted by
la carrière	career
devenir	to become
la profession	profession
le métier	occupation
un emploi	job
le boulot	work
gagner sa vie	to earn a living

c Le marché de l'emploi — The job market

chercher un emploi	to look for a job
du travail	work
un emploi stable	a steady job
à temps complet	full-time job
à temps partiel	part-time job
une situation temporaire	temporary job
le travail saisonnier	seasonal work

l'agence nationale pour l'emploi	job centre
les petites annonces	small ads
le recrutement	recruitment
le demandeur d'emploi	person looking for work
s'inscrire	to register
poser sa candidature	to apply
le curriculum vitae	CV
un entretien	interview
la concurrence (sévère)	(stiff) competition

posséder les qualifications exigées	to have the required qualifications
être bilingue	to be bi-lingual
s'y connaître en (je m'y connais en)	to be well-informed about
avoir un niveau de formation (in)suffisant	to be (in)adequately trained
avoir de l'expérience	to have experience
expérimenté(e)	experienced
se faire embaucher	to get taken on

d Les métiers — Occupations

un(e) informaticien(ne)	computer expert
le/la dessinateur (-trice)	designer
le/la programmeur (-euse)	programmer
le/la technicien(ne)	technician
un ingénieur	engineer

le soldat	soldier
le pompier	firefighter
un agent de police *(m)*	police officer

un(e) avocat(e)	solicitor
le médecin	doctor
le chirurgien	surgeon
un(e) infirmier (-ère)	nurse
le/la dentiste	dentist
un(e) assistant(e) social(e)	social worker

l'industrie *(f)*	industry
une usine	factory
le commerce	commerce
une entreprise	firm
créer sa propre entreprise	to start a business
la société	company
la filiale	subsidiary (of a company)
la succursale	branch (of a company)
les affaires *(f)*	business (in general)
le chiffre d'affaires	turnover
un homme d'affaires	businessman
le PDG (Président-Directeur Général)	managing director
le directeur	director

le/la patron(ne)	boss
le cadre	executive
un(e) employeur(euse)	employer
un(e) employé(e)	employee
l'administration (f)	administration
le/la fonctionnaire	civil servant
la fonction publique	civil service
la comptabilité	accountancy
le/la comptable	accountant
le personnel	staff
le/la secrétaire	secretary
le/la dactylo	typist
le/la représentant(e)	rep(resentative)
le/la boucher (-ère)	butcher
le/la boulanger (-ère)	baker
un(e) épicier (-ère)	grocer
le/la coiffeur (-euse)	hairdresser
le garçon de café	waiter
le/la serveur (-euse)	waiter/waitress
le/la garagiste	garage mechanic
le/la mécanicien(ne)	mechanic
un(e) électricien(ne)	electrician
le plombier	plumber
le/la maçon(ne)	bricklayer
le travail manuel	manual labour
un(e) ouvrier (-ière)	worker
un(e) agriculteur (-trice) } **un(e) fermier (-ière)** }	farmer
le chauffeur (d'autobus)	(bus) driver
le routier	lorry-driver
une hôtesse de l'air	air hostess
le/la domestique	cleaning person, domestic
la femme de ménage	cleaner
la ménagère	housewife
taper à la machine	to type
classer	to file
une réunion	meeting

les conditions de travail	working conditions
un horaire fixe	fixed hours
souple	flexible hours
régulier	regular hours
les heures supplémentaires	overtime
le travail par roulement	shift work
à la chaîne	conveyor-belt work

e Les finances — Finances

le salaire	salary
la rémunération	pay
le SMIC	minimum wage
le/la salarié(e)	salaried employee
une augmentation	increase
gagner ... par heure/semaine	to earn ... per hour/week
payer	to pay
bien payé(e)	well paid
mal payé(e)	poorly paid
le coût de la vie	cost of living
le pouvoir d'achat	purchasing power
riche	rich
pauvre	poor
faire des économies	to save up
mettre de l'argent de côté	to put money by
avoir les moyens (de)	to be able to afford (to)
prêter	to lend
emprunter (à)	to borrow (from)
acheter	to buy
vendre	to sell
dépenser	to spend
être à court d'argent	to be hard up
fauché	broke
la misère	poverty
faire fortune	to make a fortune

À toi! 40

Dans chaque groupe de mots il y en a un qui ne va pas avec les trois autres. Lequel? Explique tes réponses – en français, bien sûr!

In each group of words there is an odd one out. Which one? Explain your answers – in French, of course!

➡

Exemple: *dactylo* **ouvrier** *cadre* comptable

= l'ouvrier (les autres travaillent dans un bureau)

(1)	*lettres*	sciences	faculté	droit
(2)	bac	*licence*	**diplôme**	*stage*
(3)	**emploi**	*matière*	métier	situation
(4)	chirurgien	infirmière	**avocat**	*docteur*
(5)	SMIC	salaire	**argent**	salarié

f Sans travail	**Jobless**
licencier	to make redundant
renvoyer	to sack
le/la chômeur (-euse)	unemployed person
le chômage	unemployment
la grève	strike
le syndicat	union
la sécu	social security
partir à la retraite	to retire
la retraite anticipée	early retirement

À toi! 41

Trouve le mot qui correspond à chaque définition. Prends la première lettre de chaque mot et réorganise les lettres. La réponse n'est pas facile!

Find the word which corresponds to each definition. Take the first letter of each word and reorganise the letters. The answer is not easy!

1 questions et réponses entre demandeur d'emploi et employeur =
2 diplôme universitaire =
3 s'occupe de la fabrication d'un produit =
4 ce qu'il faut étudier pour comprendre les ordinateurs =

➡️

5 personne qui tape à la machine les lettres de son/sa patron(ne) =
6 personne qui travaille pour l'État =
7 personne sans emploi =
8 grosse somme d'argent =
9 celle qui soigne les malades =

g Les communications | Communications

le central téléphonique	telephone exchange
le standard	switchboard
le/la standardiste	operator
le poste	extension
Je voudrais parler à...	I would like to speak to...
Pouvez-vous me passer...?	Can you put me through to...?
C'est de la part de qui?	Who is calling?
Ne quittez pas	Hold on
Pouvez-vous rappeler plus tard?	Can you call back later?
C'est occupé	It's engaged
Je vous le passe	I'm putting you through to him
Voulez-vous laisser un message?	Would you like to leave a message?
Ça s'écrit comment?	How is that spelt?
Pouvez-vous parler plus lentement?	Can you speak more slowly?

le sans fil	portable phone
la télécopie } **le fax** }	fax
envoyer une télécopie	to fax
la messagerie (électronique) } **le courrier (électronique)** }	E-mail

 For more telephone vocabulary see pages 66–7 and page 114.

h L'informatique | Information technology

le matériel	hardware
le logiciel	software
le programme	program
le traitement de texte	word processor
le portable	laptop
le réseau	network

le disque dur	hard disc
la disquette	floppy disc
le lecteur de disquette	disc drive
la base de données	data bank
la puce	microchip

charger	to load
ouvrir une session } **se connecter**	to log on
le mot de passe	password
le bug } **l'erreur (f)**	bug
le clavier	keyboard
la touche	key
appuyer	to press
la souris	mouse
cliquer sur	to click on
un écran	screen
visualiser	to display
l'affichage (m)	display
le menu	menu
le curseur	cursor
le tableur	spreadsheet
le fichier	file
sauvegarder	to save
modifier	to edit
l'édition (f)	editing
couper-coller	to cut and paste
effacer	to delete
imprimer	to print
une imprimante	printer
clore une session } **se déconnecter**	to log off

E: The international world

a Les pays et les nationalités Countries and nationalities

l'Afrique *(f)*	Africa	africain	African
l'Asie *(f)*	Asia	asiatique	Asian
l'Amérique du Nord *(f)*	North America	américain(e)	American
les États-Unis	United States	américain(e)	American
le Canada	Canada	canadien(ne)	Canadian
le Québec	Quebec	québécois(e)	Quebecker
l'Amérique du Sud *(f)*	South America	sud-américain(e)	South American
l'Australie *(f)*	Australia	australien(ne)	Australian
la Nouvelle Zélande	New Zealand	neo-zélandais(e)	New Zealander
l'Algérie *(f)*	Algeria	algérien(ne)	Algerian
le Maroc	Morocco	marocain(e)	Moroccan
la Tunisie	Tunisia	tunisien(ne)	Tunisian
l'Egypte *(f)*	Egypt	égyptien(ne)	Egyptian
la Chine	China	chinois(e)	Chinese
le Japon	Japan	japonais(e)	Japanese
l'Inde *(f)*	India	indien(ne)	Indian
le Pakistan	Pakistan	pakistanais(e)	Pakistani
l'Europe *(f)*	Europe	européen(ne)	European
l'Allemagne *(f)*	Germany	allemand(e)	German
l'Angleterre *(f)*	England	anglais(e)	English
l'Autriche *(f)*	Austria	autrichien(ne)	Austrian
la Belgique	Belgium	belge	Belgian
la Corse	Corsica	corse	Corsican
le Danemark	Denmark	danois(e)	Danish
l'Écosse *(f)*	Scotland	écossais(e)	Scottish
l'Espagne *(f)*	Spain	espagnol(e)	Spanish
la Finlande	Finland	finlandais(e)	Finnish
la France	France	français(e)	French
la Grande Bretagne	Britain	britannique	British
la Grèce	Greece	grec(que)	Greek
l'Irlande *(f)*	Ireland	irlandais(e)	Irish
l'Italie *(f)*	Italy	italien(ne)	Italian
le Luxembourg	Luxemburg	luxembourgeois(e)	Luxemburger
le Norvège	Norway	norvégien(ne)	Norwegian
les Pays-Bas (l'Hollande)	Netherlands	hollandais(e)	Dutch
le Pays de Galles	Wales	gallois(e)	Welsh
la Pologne	Poland	polonais(e)	Polish
le Portugal	Portugal	portugais(e)	Portuguese
le Royaume-Uni	United Kingdom		
la Russie	Russia	russe	Russian
la Scandinavie	Scandinavia	scandinave	Scandinavian
la Suède	Sweden	suédois(e)	Swedish
la Suisse	Switzerland	suisse (-esse)	Swiss
la Turquie	Turkey	turc, turque	Turkish

la nationalité	nationality
être de nationalité...	to be of ... nationality
en quel pays?	in which country?
la frontière	frontier
l'île *(f)*	island
francophone	French speaking
la Francophonie	the French-speaking world
le (la) Maghebin(e)	North African
l'arabe	Arabic
la capitale	capital
le/la citoyen(ne)	citizen
le drapeau	flag
parisien(ne)	Parisian

Edimbourg	Edinburgh
Londres	London
Douvres	Dover
la Cornouailles	Cornwall
la Tamise	The Thames
la Manche	English Channel

Bruxelles	Brussels
Montréal	Montreal

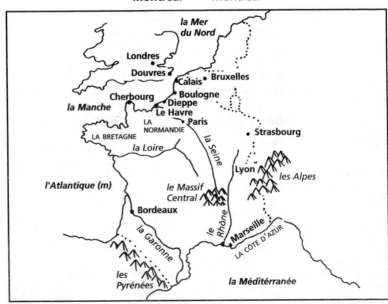

b Les échanges — Exchanges

le jumelage	twinning
la ville jumelée	twinned town
un échange	exchange
rencontrer	to meet
(aller) chercher à la gare	to fetch from the station
l'aéroport	airport
un accueil chaleureux	warm welcome
soyez le/la bienvenu(e)!	welcome!
accueillant(e)	welcoming
Vous avez fait bon voyage?	Did you have a good trip?
Asseyez-vous, je vous en prie	Please sit down
Je peux vous offrir quelque chose à boire ou à manger?	Would you like something to drink or to eat?
C'est la première fois que vous venez ici?	Is this your first time here?
faire visiter	to show round
prévoir	to plan
voici le programme que nous avons prévu	here is the programme we have planned
faire une excursion	to go on a trip
un(e) inconnu(e)	stranger
un(e) étranger(ère)	foreigner
la nouvelle expérience	new experience
trouver difficile	to find difficult
s'habituer à	to get used to
apprendre à apprécier	to learn to appreciate
mieux comprendre	to understand better

c La famille royale — The royal family

le royaume	kingdom
le roi	king
la reine	queen
le prince	prince
la princesse	princesse
la reine mère	queen mother
le duc	duke
la duchesse	duchess

d La constitution — The constitution

le Parlement	parliament

le député	member of parliament
la circonscription	constituency
les élections *(f)*	election
voter	to vote
le candidat	candidate
le parti politique	political party
la majorité	party in power
l'opposition *(f)*	opposition
la gauche	the left
la droite	the right
conservateur (-trice)	conservative
socialiste	socialist
(socio-)démocrate	(social) democrat
communiste	communist
le Front national	national front
le racisme	racism
le raciste	racist

le président	president
le premier ministre	prime minister
le ministre	minister
le ministère	ministry
la politique	policy
le projet de loi	bill
la loi	law
le débat	debate
le discours	speech
démissionner	to resign

e Le terrorisme — Terrorism

la violence	violence
avoir recours à	to have recourse to
la revendication	demand, complaint
extrémiste	extremist
un attentat	act of terrorism
une alerte à la bombe	bomb scare
la voiture piégée	booby-trapped car
une explosion	explosion
la victime	victim
les dégâts *(m)* **matériels**	damage to property
revendiquer	to admit responsiblity for

un enlèvement	kidnap

détourner un avion	to hijack a plane
le pirate de l'air	hijacker
un otage	hostage
exiger une rançon	to demand a ransom
céder à une demande	to give way to a demand

f L'oppression — Oppression

le dictateur	dictator
la dictature	dictatorship
le régime	régime
militaire	military
la corruption	corruption
l'abus *(m)* du pouvoir	abuse of power
l'injustice *(f)*	injustice
les droits *(m)* de l'homme	human rights
la liberté	freedom
protéger	to protect
la manifestation	demonstration
le mouvement	movement
protester	to protest
la révolution	revolution
supprimer	to suppress
le/la réfugié(e)	refugee

g Le Tiers Monde — Third World

la soif	thirst
la faim	hunger
la sécheresse	drought
la pauvreté	poverty

h La diplomatie — Diplomacy

le monde	world
la Communauté Européenne	European Community
l'Union Européen (UE)	European Union (EU)
l'OTAN	NATO
les Nations Unies	UN
le ministre des Affaires étrangères	Foreign Secretary
le délégué	delegate
négocier	to negotiate
les négociations *(f)*	negotiations
l'avertissement *(m)*	warning

éviter	to avoid
le/la représentant(e)	representative
le porte-parole	spokesman/woman
un ambassadeur	ambassador
une ambassade	embassy
le consulat	consulate
le consul	consul

i Les conflits Conflicts

les essais *(m)* nucléaires	nuclear tests
la force de dissuasion nucléaire	nuclear deterrent
une armée	army
le soldat	soldier
les troupes *(f)*	troops
l'armée de l'air	airforce
la marine	navy
la force de frappe	strike force
la guerre (civile)	(civil) war
une attaque	attack
le bombardement	bombing
les pourparlers *(m)*	talks
la trève } le cessez-le-feu }	ceasefire
la détente	reduction of tension
un accord	agreement
le traité	treaty
la paix	peace

À toi! 42

Trouve un mot qui commence par la lettre indiquée et qui correspond à la définition proposée.	*Find a word which begins with the letter shown and which matches the given definition.*

A acte de terrorisme =
B arme explosive =
C homme politique de droite =
D régime anti-démocratique =
E choix démocratique =
F parti raciste (2 mots) =
G tendance socialiste =
M membre du gouvernement =

N discuter pour trouver un accord =
O prisonnier d'un pirate de l'air =
P représentant qui parle aux journalistes =
R fuit son propre pays =
S se bat pour son pays =
T accord qu'on signe =

Quelques petits mots essentiels

Some essential little words

aucun(e)	no, not any	plus	more
autre	other	très	very
chaque	each	trop	too (much)
meilleur(e)	better		
même	same	aussi	also
plusieurs	several	bien	good, well
propre	own	bien sûr	of course
tout, toute,	all	bientôt	soon
tous, toutes		d'abord	first of all
		dessous	beneath
à	at, in	encore	again
après	after	enfin	finally,
avec	with		eventually
dans	in	ensuite	then, next
de	of	donc	so
depuis	since	extrêmement	extremely
en	in	heureusement	fortunately
en train de	in the process of	malheureusement	unfortunately
entre	between	là	there
pendant	during	maintenant	now
pour	for	mal	bad, badly
près de	near	mieux	better
sous	under	presque	almost
sur	on	puis	then
		quelquefois	sometimes
car	for, because	seulement	only
et	and	toujours	always
mais	but	tout à fait	entirely
ou	or	vraiment	really
parce que	because	y	there
si	if	y compris	including
assez	quite, enough	autre chose	something else
au moins	at least	ça	that
beaucoup	much, a lot	cela	
environ	about, around	quelques	some
moins	less	quelque chose	something
peu	little	quelqu'un	someone
un peu	a little	tout le monde	everyone

c'est	it is
c'est à dire	that is to say
c'était	it was
il s'agit de	it's about
il y a	there is/are
il y aura	there will be
il y avait	there was/were
voici	here is/are
voilà	there is/are

d'accord	OK
oui	yes
non	no
si	yes (to a negative question)

combien?	how much/ many?
comment?	how? pardon?
est-ce que...?	do...?, can...?, etc.
lequel/laquelle?	which (one)?
où?	where?
pourquoi?	why?
quand?	when?
quel(le)?	which?
qu'est-ce qui? qu'est-ce que?	} what....?
qu'est-ce que c'est?	what is it?
qui?	who?
quoi?	what?
c'est quoi?	what is it?

le, la, les	the
ce, cette, cet	this/that
ces	these/those

du, de l', de la, des	} some

je	I
tu	you
il	he, it
elle	she, it
nous	we
on	one, we
vous	you
ils elles	} they

mon, ma, mes	my
ton, ta, tes	your
son, sa, ses	his, her
notre, nos	our
votre, vos	your
leur, leurs	their

ne ... aucun(e)	not one
ne ... rien	nothing
ne ... ni ... ni ...	neither ... nor ... nor...
ne ... jamais	never
ne ... personne	nobody
ne ... pas	not
ne ... plus	no longer
non plus	neither

n'importe	no matter
comment	how
où	where
quel(le)	which
qui	who
quoi	what

Quelques verbes utiles   Some useful verbs

accepter	to accept
accorder	to grant
acheter	to buy
aider	to help
aller	to go
(s')arrêter	to stop
arriver	to arrive
assister à	to be at, attend
attirer	to attract
avoir	to have
boire	to drink
chercher	to look for
choisir	to choose
comprendre	to understand
connaître	to know (person, place)
continuer	to continue
déchirer	to tear
décider	to decide
demander	to ask
devoir	to have to
dire	to say
donner	to give
durer	to last
écouter	to listen
écrire	to write
effrayer	to frighten
entendre	to hear, understand
entrer	to enter
être	to be
faire	to do, make
falloir	to be necessary to
fermer	to close
finir	to finish
jouer	to play
lire	to read
manger	to eat
marcher	to walk, to work
mettre	to put
montrer	to show
mourir	to die
naître	to be born

oublier	to forget
ouvrir	to open
paraître	to appear
parler	to speak
partir	to leave
passer	to go past
se passer	to happen
penser	to think
porter	to wear, carry
poser	to put, place
pouvoir	to be able
préférer	to prefer
prendre	to take
prêter	to lend
promettre	to promise
recevoir	to receive
regarder	to look
rencontrer	to meet
entrer	to return, go back in
remarquer	to notice
rester	to stay
retourner	to return
savoir	to know
sembler	to seem
sortir	to go out
toucher	to touch
travailler	to work
trouver	to find
utiliser	to use
venir	to come
vivre	to live
vouloir	to want

Quelques adjectifs utiles / Some useful adjectives

bas(se)	low
bon(ne)	good, kind
chaud(e)	hot
dernier (-ère)	last
différent(e)	different
doux (-ouce)	soft, sweet, mild
dur(e)	hard

exprès	on purpose
étroit(e)	narrow
facile	easy
froid(e)	cold
grand(e)	big
grave	serious
haut(e)	high
inutile	useless, pointless
important(e)	important
impossible	impossible
large	wide
léger (-ère)	light
lourd(e)	heavy
mauvais(e)	bad
meilleur(e)	better
mouillé(e)	wet, damp
moyen(ne)	average
nécessaire	necessary
pareil(le)	same
petit(e)	small
plein(e)	full
possible	possible
pratique	practical
prêt(e)	ready
prochain(e)	next
rare	rare
récent(e)	recent
rectangulaire	rectangular
rond(e)	round
sec, sèche	dry
spécial(e)	special
suivant(e)	following
tiède	lukewarm
utile	useful
vide	empty

Les couleurs — Colours

blanc(he)	white
bleu(e)	blue
gris(e)	grey
jaune	yellow
marron	brown
noir(e)	black

or	gold
orange	orange
rose	pink
rouge	red
vert(e)	green
violet(te)	violet, purple

... clair	light ...
... vif, vive	bright ...
... foncé	dark ...

Examination Rubrics

Lisez (lis) le texte ci-dessus	Read the text above
ci-dessous	below
Regardez les images	Look at the pictures
les dessins	drawings
les illustrations	illustrations
Répondez aux questions	Answer the questions
Choisissez thème 1 ou thème 2	Choose question 1 or 2
Choisissez parmi les mots dans la boîte	Select from the words in the box
Choisissez la bonne réponse	Choose the right answer
Entourez la bonne réponse } **Encerclez la bonne réponse** }	Put a ring round the right answer
Cochez la grille	Tick the grid
Cochez les cases correspondantes	Tick the boxes which match
Soulignez le mot	Underline the word
la phrase	sentence
Quelle illustration va avec quel panneau?	Which illustration goes with which sign?
Faites correspondre...	Match up...
Dessinez une flèche	Draw an arrow
Mettez en ordre	Put into order
Utilisez ces symboles	Use these symbols
Remplissez la fiche } **le formulaire** }	Fill in the form
Complétez les détails en français	Complete the information in French
Écrivez l'équivalent en anglais } **Traduisez en anglais** }	Translate into English

Écrivez environ ... mots	Write about ... words
dans la case	in the box
le numéro qui correspond	the number that corresponds
une remarque correcte	a true statement
Corrigez les fautes *(f)* les erreurs *(f)*	Correct the errors
Trouvez les différences *(f)*	Find the differences

Décrivez...	Describe...
Comparez...	Compare...
Racontez...	Give an account of...
Expliquez...	Explain...
Imaginez...	Imagine...
Inventez...	Invent...
Indiquez...	Indicate...
Vérifiez...	Check...
Vrai ou faux?	True or false?

Écoutez l'exemple	Listen to the example
Vous allez entendre...	You are going to hear...
une série de conversations	a series of conversations
deux jeunes qui parlent de...	two young people talking about...
Prenez des notes	Take notes
Notez les détails	Take down the details
Demandez les informations suivantes	Ask for the following information
Posez des questions	Ask questions
Faites un dialogue	Make up a dialogue
Vous pouvez employer un dictionnaire	You can use a dictionary
Tournez la page	Turn over the page

Answers

À toi! 1
1 Nous sommes mercredi;
2 Nous sommes lundi; 3 Nous sommes samedi; 4 Nous sommes vendredi; 5 Nous sommes mardi; 6 Nous sommes jeudi; 7 Nous sommes dimanche.

À toi! 2
1 Il est midi; il est minuit; 2 Il est neuf heures quarante-cinq or il est dix heures moins le quart; il est vingt-et-une heures quarante-cinq; 3 Il est huit heures vingt; il est vingt heures vingt; 4 Il est dix heures et demie or il est dix heures trente; il est vingt-deux heures trente; 5 Il est six heures quinze or il est six heures et quart; il est dix-huit heures quinze; 6 Il est sept heures; il est dix-neuf heures; 7 Il est quatre heures trente-cinq or il est cinq heures moins vingt-cinq; il est seize heures trente-cinq;
8 Il est onze heures cinquante or il est midi moins dix; il est vingt-trois heures cinquante; 9 Il est trois heures vingt-cinq; il est quinze heures vingt-cinq;10 Il est minuit cinq; il est midi cinq

À toi! 3
1 à l'heure; 2 à l'avance; 3 en retard; 4 moment; 5 déjà; 6 encore; 7 aussitôt or dès; 8 pendant; 9 tôt or de bonne heure; 10 depuis; 11 dans; 12 bientôt; 13 tard; 14 pour; 15 tout de suite or immédiatement

À toi! 4
1 trente; 2 quatre-vingt-huit; 3 soixante-cinq; 4 deux cents; 5 mil huit cent soixante or dix-huit cent soixante; 6 cent un; 7 soixante-et-onze; 8 quatre-vingts; 9 quatre-vingt-onze; 10 deux cent mille

À toi! 5
1 je prends une douche; 2 je me brosse les dents; 3 je m'habille; 4 je me coiffe; 5 je descends;
6 je prends mon petit-déjeuner; 7 je prépare mes affaires; 8 je quitte la maison.

À toi! 6
You can use whatever times apply to your own circumstances. The order of activities is likely to be as follows: Je me réveille; Je me lève; Je prends une douche; Je m'habille; Je fais le lit; Je prends le petit-déjeuner; Je prépare mes affaires; Je quitte la maison; Je prends le car; J'arrive au collège; J'ai le premier cours; J'ai une pause-café; Je mange à la cantine; Je sors du collège; J'arrive à la maison; Je me change; Je prends le goûter; J'écoute des disques; Je lis le journal/un livre; Je dîne; Je range ma chambre; Je fais mes devoirs; Je me déshabille; Je me couche.

À toi! 7
1 = c; 2 = e; 3 = f; 4 = g; 5 = a; 6 = b; 7 = d

À toi! 8
1 En arrivant au collège, je vais à la salle de classe; 2 Le premier cours commence à neuf heures; 3 Chaque cours dure trente cinq minutes; 4 Avant la récréation nous avons maths; 5 Pendant la récréation je bois un café et je mange un sandwich; 6 Je déjeune à la cantine à douze heures quarante cinq/midi quarante cinq; 7 Après le déjeuner nous sommes libres jusqu'à quatorze heures/deux heures; 8 L'après-midi nous avons gymnastique; 9 Les cours finissent à quatre heures/seize heures; 10 Je prends le bus/le car pour rentrer chez moi.

À toi! 9
Your answers will depend on your opinion of your teachers!

À toi! 10
1 mention the subject you like best; 2 mention a subject which interests you, using à la for a feminine noun, au for a masculine noun, aux for a

plural noun; **3** mention a subject you don't like much; **4** mention a subject you hate; **5** mention the number of years you have been doing French; **6** mention a subject you are good at; **7** mention another subject in which you get good results; **8** mention a subject in which you get average results; **9** mention a subject you are not good at; **10** mention a subject you are hopeless at (if any!)

À toi! 11
1 assistant(e); vestiaire; ordinateur; instituteur (-trice); récréation
2 sixième; obligatoire; nul(le)
3 bibliothèque; atelier; cantine
AVOIR SON BAC
Across: stylo; bic; cahier; cours; matières; bac; prof; calcul; piscine; raison; seconde; uniforme; doué; **Down:** bien; casier; traduire; science; cour; compter; lecture; lire; nul; cantine; fort(e); rater; langue

À toi! 12
a ananas/abricot; addition;
b banane; bière; **c** carotte/chou, etc; casse-croûte; **d** daurade; dinde;
e escalope; épinards; **f** frites; fraise/framboise; **g** gigot/grillade; gâteau; **h** hors-d'œuvre; huîtres;
i infusion; îles flottantes; **j** jus de fruit; jambon; **k** kiwi; kir; **l** légume; limonade; **m** mousse au chocolat; maquereau; **n** noix; non compris;
o oie; orangina; **p** panaché; pourboire;
q quart; qualité; **r** relais routier; ragoût; **s** serveuse; saumon;
t thon/truite; thé; **v** volaille; viande

À toi! 13
Across: bon; quart; bière; melon; beurre; oie; crevette; goût; jambon; foie; demi; goûter; **Down:** café; riz; oeuf; pain; nature; chou; mûr(e)

À toi! 14
Woman: front; nez; bouche; menton; épaule; main; taille; hanches; jambe; pied; **Man:** cheveux; oreille; joue; cou; bras; buste; estomac; poignet;

genoux; cheville

À toi! 15
1 mal à la gorge; **2** mal au ventre/mal au cœur; **3** la fièvre; **4** une insolation; **5** un rhume; **6** suis cassé la jambe; **7** le rhume des foins; **8** des courbatures

À toi! 16
1 Give your surname; **2** Give your first name; **3** Give your birth date; and birth place; **4** Give your nationality; **5** Give your religious belief; **7** Give your marital status; **8** Give your address; **9** Give your postcode; **10** Give your telephone number

À toi! 17
Fill in the form with your personal details.

À toi! 18
Across: fou; maigre(s); soeur(s); né(e); laid; roux; frère; vilain; tante; âge, fille, papa, **Down:** poli; fort; veuf; chauve; mari; jolie; fils, mince

À toi! 19
1 grande, moderne, luxueuse;
2 brique; **3** trois étages, plus un grenier; **4** un petit jardin

À toi! 20
1 la cuisine; **2** la cuisine/la salle à manger; **3** le salon; **4** l'escalier; **5** la salle de bains; **6** la chambre/lit; **7** l'armoire, la commode/le tiroir; **8** l'étagère/la bibliothèque

À toi! 21
a = 6; **b** = 10; **c** = 8; **d** = 1; **e** = 3; **f** = 2; **g** = 9; **h** = 5; **i** = 4; **j** =7

À toi! 22
Across: poney; lapin; souris; cochon d'inde; tortue; bocal
Down: chat; poisson rouge; cage

À toi! 23
1 au football et au tennis; **2** la natation; **3** le ski; **4** jouer au rugby; **5** discothèque

À toi! 24
1 Say what kind of films you like best/you quite like/you don't like/your favourite film; 2 Say what kinds of plays you like/you don't like/or if you never go to the theatre; 3 Say what kinds of books you like/you don't like/your favourite book; 4 Say what kind of newspapers you read/what parts of the newspaper you look at/or if you never read a newspaper; 5 Say what kinds of magazines you like reading/or if you never read a magazine.

À toi! 25
1 Say what you like to watch on TV and what you don't like at all; 2 Say what you like listening to on the radio and what you don't like at all; 3 Say what your favourite pastime is, how many hours per week you spend doing it and why it interests you.

À toi! 26
1 le jour de l'An; 2 Pâques; 3 la Fête nationale; 4 la Toussaint; 5 la veille de Noël; 6 Noël; 7 la veille du jour de l'An/le réveillon

À toi! 27
1 vacancier (-ière); 2 annuler; 3 complet; 4 arrhes; 5 note; 6 caution; 7 étoile; 8 séjour = VACANCES 9 cartouche; 10 accueil; 11 matériel; 12 pile; 13 interdit; 14 nager; 15 gardien = CAMPING

À toi! 28
Across: gardien; maillot; réchaud; côte; filet; louer; pont; emplacement; ski; seau; bronzer; **Down:** duvet; plage; balle; prix; tente; pile; dortoir; potable; nager; interdit; régler

À toi! 29
a = 8; b = 6; c = 2; d = 9; e = 1; f = 5; g = 4; h = 3; i = 7

À toi! 30
1 la gare la plus proche?; 2 le bureau de poste le plus proche?; 3 le commissariat le plus proche?; 4 le cinéma le plus proche?; 5 le café le plus proche?; 6 le marché le plus proche?; 7 l'église la plus proche?; 8 la piscine la plus proche?; 9 le terrain de sports le plus proche?

À toi! 31
1 aile; 2 blé; 3 chameau; 4 domaine; 5 étang; 6 fermier; 7 grenouille; 8 hérisson; 9 insecte; 10 jument

À toi! 32
1 Il était d'un certain âge/petit et gros/au visage rond/chauve/ moustachu/il portait des lunettes de soleil/une cravate/une veste et un pantalon/des chaussures noires/il avait plusieurs bagues aux mains.
2 Elle était d'un certain âge/grande et maigre/au visage long/avec de long cheveux blonds et bouclés/elle portait une écharpe et une mini jupe/elle portait des boucles d'oreilles et des lunettes de soleil/elle portait des talons aiguilles et un sac à main.

À toi! 33
1 à la bijouterie; 2 à la pâtisserie; 3 à la boucherie; 4 à la pharmacie; 5 à la papeterie; 6 à la boulangerie; 7 au kiosque à journaux; 8 à la confiserie; 9 à la librairie; 10 à la parfumerie

À toi! 34
1 = j; 2 = d; 3 = g; 4 = i; 5 = h; 6 = a; 7 = c; 8 = e; 9 = b; 10 = f

À toi! 35
Anorak; Boîte; Cravate; Démodé(e); Enlever; Foulard; Gants; Heures d'ouverture; Imperméable; Jupe; Kilo; Lin; Manche; Noir; Or; Perles; Rayon; Soldes; Talon; Utile; Vitrine

À toi! 36
1 Vous vous approchez d'un carrefour; 2 Entrée interdite; on n'a pas le droit de prendre cette rue; 3 Il ne faut pas rouler à plus de soixante km à l'heure; 4 Il est interdit de stationner; 5 Il y a des gravillons sur la chaussée; 6 La chaussée est

déformée; **7** Il y a un virage
dangereux: ne faites pas plus de 40 à
l'heure; **8** Il est interdit de doubler;
9 Vous vous approchez d'un passage
à niveau; **10** C'est la fin de la
limitation de vitesse.

À toi! 37

1 consigne; **2** haut-parleur; **3** express;
4 métro; **5** indicateur; **6** navette;
7 destination; **8** en période rouge;
9 filet à bagages; **10** en provenance
de; **11** retard = **CHEMIN DE FER**

À toi! 38

Across: franchir; camion; billet; valise;
vol; TGV; rapide; volant.
Down: sac; vélo; pneu; car; douane;
frein(s); file; carnet; avion; phare;
tarif; niveau.

À toi! 39

Give your personal opinion on the
advantages and disadvantages of
each of the forms of transport.

À toi! 40

1 faculté: les autres sont des études;
2 stage: les autres sont des diplômes;
3 matière: les autres sont des
emplois; **4** l'avocat; les autres travaillent dans la médecine; **5** salarié: c'est
une personne, les autres signifient de
l'argent.

À toi! 41

1 entretien; **2** licence; **3** industrie;
4 informatique; **5** dactylo;
6 fonctionnaire; **7** chômeur;
8 fortune; **9** infirmière = **DIFFICILE**

À toi! 42

Attentat; **B**ombe; **C**onservateur;
Dictature; **É**lections; **F**ront National;
Gauche; **M**inistre; **N**égocier; **O**tage;
Porte-parole; **R**éfugié(e); **S**oldat;
Traité